AF131502

EPISTOLAIRE FEMININ

Du même auteur

Non Monsieur Fukuyama, l'histoire n'est pas finie !, BOD, 2010

Une fois par jour, BOD, 2012

Dialogues sur le bonheur, BOD, 2012

Proverbes à vivre, BOD, 2013

© 2013, Jean-Pascal Farges
Edition : BoD - Books on Demand
12/14 rond-point des Champs Elysées, 75008 Paris
Imprimé par Books on Demand GmbH,
Norderstedt, Allemagne
ISBN : 9782322032099
Dépôt légal : Juin 2013

Jean-Pascal Farges

EPISTOLAIRE FEMININ

A elles toutes
A elle seule

Gratitude

Elles m'ont dit leur vie, leurs questions, leurs colères, leurs envies, leurs pensées et j'y ai trouvé mes propres interrogations. Je ne le cache pas, je les admire et j'ai beaucoup appris de cette admiration. Elles ont toutes un prénom bien sûr mais les nommer ce serait oublier ces femmes passantes qui m'ont enseigné leur savoir dans l'espace de l'instant.

Je voue une immense gratitude à celle qui fait mes jours et mes nuits ; elle m'a appris l'amour et m'a enseigné la femme.

Un remerciement particulier à Marianne qui m'a relu avec beaucoup de bienveillance.

Une pensée filiale enfin pour celle qui fut l'auteure de mes jours.

Un épistolaire est un recueil de correspondances.

Le mot est beau, il évoque tout le charme de la lettre qu'on attend, puis qu'on reçoit, puis qu'on découvre. Laissez vous envahir par le souvenir et la volupté du premier contact avec la lettre attendue, l'enveloppe vous arrive, vous la retournez pour voir si son dos ne comporterait pas quelques indices ; parfois vous essayez d'y trouver un parfum ou vous tentez d'identifier l'écriture. Après ces instants d'enquête vous l'ouvrez, soit avec ce coupe-papier qui ne quitte pas votre bureau, soit avec le doigt que vous glissez dans l'interstice laissé par un collage inachevé.

Ces quelques feuilles suffisent à vous mettre en émoi sans que vous les ayez encore lues. Vous imaginez l'auteure de la lettre penchée sur son bureau, vous l'imaginez vous écrivant, ce moment où elle pense à vous et à vous seule. Alors et alors seulement, après ces préliminaires, vous lisez ces mots manuscrits qui vous sont destinés. L'impatience de la découverte vous projette très vite aux mots de la fin. Vous avez humé la première impression. Vous décidez de vous assoir et de consacrer le temps qu'il faut afin d'honorer comme il se doit le temps que l'auteure vous a offert. Enveloppé par les phrases de l'autre, vous sortez du monde habituel pour entrer dans le sien. Elle vous parle cette femme de l'autre côté du timbre, elle vous dit ce qu'elle est, ce qu'elle vit, ce qu'elle sent. Elle vous interroge sur votre propre vie, questionne vos bonheurs et vos douleurs, pénètre en vous avec la délicatesse des mots de l'être qui pense à vous.

Cette lettre rejoindra les autres dans votre épistolaire où vous avez conservées les morceaux de vie de ceux et celles qui vous ont écrit.

Vous avez ouvert l'"épistolaire féminin", vous découvrirez des lettres imaginaires de femmes qui ont eu une vie à leur époque, une époque qui parle à la nôtre. Toutes ces femmes ont vécu dans la recherche d'une libération ; elles ont toute tenté de lever les aliénations qui pesaient sur elles et, plus généralement, sur la condition de la femme.

Vous trouverez dans ces lettres l'énergie, l'amour, le volonté, la conscience, la pensée, la réflexion de femmes autonomes, libres en esprit qui ont eu la conviction de pouvoir changer le monde ou, du moins, leur monde.

Si elles n'y sont pas totalement parvenues, elles ont réussi à changer l'auteur de ces lignes. Elles vous changeront probablement, vous invitant à une réflexion sur vous, sur la vie, sur le monde, sur Dieu mais, finalement, ce qu'il m'est resté et peut-être vous restera, c'est l'amour qu'elles portent aux êtres et aux choses, l'amour de la vie.

Eve

Mes chères filles,

Je ne suis pas celle que vous croyez ; je suis la mère de l'humanité, l'origine du monde mais aucunement pécheresse. Oui, je le confesse, j'ai aimé ce serpent, fascinée par ses yeux, par sa souplesse et par la grande raison de ses propos. En effet, comment vivre dans le monde sans connaître le bien et le mal ? L'Eternel nous avait interdit de goûter des fruits de l'arbre de la connaissance, pourquoi devions-nous, Adam et moi, refuser la connaissance ? L'Eternel nous voulait-il éternellement ignares ? Je sais ce reproche : j'ai condamné l'humanité à la mortalité mais ne l'ai-je pas sauvé de l'ignorance. Que fallait-il préférer ?

Rêvez-vous encore d'une vie éternelle à manger des fruits dans un camp de nudiste ? Vous imaginez-vous cette vie végétative promise où rien ne sollicite votre esprit, votre intelligence, votre curiosité ; à déambuler dans une éternité sans désirs ? L'encéphalogramme plat n'est-il pas le signe de la mort ? Ce que l'Eternel nous promettait était la mort éternelle, ce que j'ai voulu c'est une vie qui ne le ne soit pas.

Ma responsabilité est grande, j'ai décidé du sort de l'humanité ; Adam était bien trop naïf pour cela. Je veux juste rappeler ici que mon union avec Adam fut arrangée par l'Eternel qui pensait sans doute que l'amour n'était pas nécessaire dans le jardin d'Eden.

Je ne sais si j'ai eu tort d'avoir préféré la vie brève à l'éternel ennui, d'avoir aimé la pomme en sachant ses pépins, d'avoir préféré l'habit à la nudité que je réservais aux nuits câlines.

Oui, j'ai aimé la chair du fruit, je me suis sentie curieuse du monde, incarnée et libre dans mes formes. Mon ventre où les baisers glissent vers la soie des origines, mes seins où se perdent les bouches ardentes, mes reins où chutent les vertiges. Je me suis vue nue et n'en ai pas eu honte, j'ai eu du désir et n'en ai pas eu honte. Le serpent était le seul être sexué de ce jardin parfaitement insipide. J'ai réveillé mes sens pour que nos corps soient le lieu du plaisir. Je n'ai pas échoué ; seule la perversité mâle a fait de notre pureté une salissure originelle ; comment pouvais-je savoir que ces êtres avaient gardé la pomme en travers de la gorge signe de leur dérèglement sexuel qu'ils rejetèrent sur la femme. L'Eternel, je vous le confirme, était bien un mâle pour nous avoir condamné à souffrir pour reproduire l'espèce ; quelques grammes de semence pour le masculin, une déchirure intense pour le féminin.

J'ai goûté au fruit de l'arbre de la connaissance, vous mes filles avaient été rejetées des temples et des écoles vous condamnant à la reproduction et à l'élevage de la progéniture des mâles. Confinées dans l'espace des fourneaux, vous n'avez pu renouer avec le serpent et avez été empêchées de goûter les fruits du savoir ; si je savais regretter, je regretterais. Coupées des choses du monde vous avez, à ma suite, été coupées de vous-mêmes, vivant sans vivre comme avant, dans le jardin d'Eden. Ouvertes au dictat testiculaire de vos maîtres, enfermées par obligation dans les prisons domestiques, vous avez quitté la vie et ses fruits. Ils sont devenus vos maîtres. Dieu m'a dit, alors que j'avais encore la bouche pleine : " Il dominera sur toi ".

Quand je pense que ce "Il" désigne cette chose née de la poussière et d'un souffle divin alors que je suis issue du vivant, de la chair ; j'ai trouvé l'injustice insupportable.

Que puis-je vous dire maintenant mes chères filles pour tenter de vous consoler ? Que j'ai cru bien faire et que je n'ai pas compté sur la malignité divine. Que vous n'êtes comptables d'aucun héritage funeste et d'aucune faute puisque je n'en ai commis aucune. Que le poids qui pèse sur vos ventres n'est pas une fatalité historique mais un mensonge divin. Je sais le malheur qui vous frappe encore malgré vos colères, vos indignations, vos révoltes ; je vois combien les voiles ne se lèvent pas, je sens combien vos corps sont menacés et je n'ai plus de pommes à vous proposer.

"*La femme vit que l'arbre était bon à manger et agréable à la vue, et qu'il était précieux pour ouvrir l'intelligence ; elle prit de son fruit et en mangea.*" Voyez comme j'avais déjà le goût pour les bonnes choses, voyez comme j'avais le sens de l'esthétique, soyez témoins de mon désir d'ouvrir l'intelligence de l'humanité. Bel échec en vérité, il n'est rien resté de cette ouverture verrouillée par des imbéciles obscurantistes qui vous ont fait souffrir tant de siècles et sévissent encore.

Je voulais témoigner de ma volonté, en ces temps du début des choses, de lever les prémices d'une aliénation où, bien malgré moi, je vous ai conduites. Je profite encore de ces quelques mots pour vous dire combien je vous aime mes filles, pour vous inviter en mon nom à ne plus fléchir sous le poids de la faute. Ne les croyez pas, ce sont les serpents qui sauvent, ce sont les fruits défendus qui font les humains. Nous n'avons que faire de l'arbre de la vie éternelle, il ne produit aucun fruit, ses branches sont sèches et ses racines sont pourries.

L'Eternel m'a chassé du jardin d'Eden, je l'ai chassé de mon jardin secret et je me suis promis qu'il ne porterait plus la main sur moi. Je lui dédie en votre nom la péridurale, la pilule, l'avortement et la possession de mon ventre et de mon corps. J'ai mis la raison pour garder nos arbres de la connaissance des atteintes de la superstition.

Mes très chères filles, que ma pensée ne vous quitte pas, je n'ai pas été votre malheur mais un bonheur inachevé. Je vous lègue la liberté, je vous transmets mes désirs de femme en pleine possession de son être. Je vous lègue mes paniers de pommes que j'avais gardés pour vous afin que vos combats s'alimentent de pectine et que les pépins se répandent sur les pileuses barbaries. N'ayez pas peur, l'Eternel n'a rien pu contre moi, nous sommes vivantes et mortelles et nous avons accès à la connaissance.

"Il n'est pas bon que l'homme soit seul ; je lui ferai une aide semblable à lui." Ni aide, ni être de compagnie mais des humains aboutis, autonomes, égaux en droit à celui qui vient de la poussière. J'ai pour finir une bonne nouvelle à vous annoncer : Adam est mort à l'âge de neuf cent trente ans mais le Livre ne mentionne pas ma mort. Je vis toujours en vous mes chères filles et serai encore présente en vos filles et les filles de vos filles.

Votre mère à toutes,
Eve

Pandora

Mes chères filles et mes chers fils,

Je fais suite au courrier d'Eve pour témoigner à mon tour de la première femme que je fus pour ce beau peuple grec.

Il fut un temps où la terre n'était peuplée que d'hommes, je veux dire peuplée par des humains mâles, des *anthropoi*. Ils vivaient avec les dieux mais Zeus décida de séparer le monde des dieux de celui des hommes. Zeus est comme ça ; il aime l'ordre : les dieux avec les dieux, les hommes avec les hommes.
Je suis née d'un combat entre Zeus et Prométhée. Zeus privilégie l'ordre et la hiérarchie à la justice. Prométhée, épris des hommes, leur apporta le feu contre la volonté de Zeus. Zeus promit alors aux hommes le plus merveilleux des malheurs. Il demanda à

Héphaïstos de confectionner un personnage en cire qui ressemblât à une déesse immortelle. Hermès anima ce mannequin en cire qui devint une femme : moi, Pandora. Zeus déclara que j'étais la première femme, l'ancêtre de toutes les femmes. Mais il dit aussi que je ne suis qu'un ventre, affamé de nourriture et de sexe.

Dieu m'envoya auprès d'Epiméthée, frère de Prométhée et je devins la première épouse de tous les temps. Zeus me fit parvenir une jarre fermée et m'ordonna de n'ouvrir celle-ci que sur son ordre. Profitant de l'absence de mon époux, Zeus m'autorisa à ouvrir la jarre. Sortirent alors tous les maux que ne connaissait pas l'humanité : maladies, deuil, vieillesse, catastrophes naturelles, souffrances et douleurs. Je remis aussitôt le couvercle sur la jarre laissant une seule entité prisonnière.

Je suis la cause des malheurs du monde. Je suis le ventre qui prend la vitalité virile de l'homme, je suis le ventre qui fait que la mort de l'homme n'est pas définitive. Je suis comme ma sœur Eve à l'origine du malheur. Aristote dira de moi que je ne suis qu'une matière que la semence de l'homme anime. Zeus comme l'Eternel est un homme.

Mes filles, j'ai été ventre et vous avez hérité de cette fonction. J'ai été le malheur merveilleux de Zeus et vous êtes le feu intérieur de l'homme. Considérez d'où vient notre condition mes chères filles, d'une fable !

Je sais que je ne suis pas issue d'une stratégie sournoise d'un Zeus revanchard .Je ne suis pas condamnée à être un ventre affamé et castrateur. Les hommes le savent-ils ? Je ne mets pas au monde sa progéniture, mon ventre ne lui est loué que momentanément pour soulager sa peur de la finitude. Qu'est-ce qu'ils croient ces mâles olympiens ? Que nous ne sommes qu'une figure de cire ? Que la vie nous anime dès lors que nous recevons quelques gouttes de leur semence ? Qu'il fallait nous domestiquer afin de nous rendre domestiques ? Je vous le dis mes filles, nous ne venons ni de la cire ni de l'argile mais bien du vivant et le vivant n'est la propriété de personne.

Oui nous avons une vulve et ils ont un pénis et de cette différence ils ont séparé le monde en deux ; ce qui est froid, mou, léger, passif, faible, frivole nous revient ; ce qui est chaud, dur, lourd, actif, fort, sérieux leur revient. Autrement dit, dans le monde il y a des choses inférieures (le féminin) et des choses supérieures (le masculin). Une croyance a construit le monde et nous avons été remisées au rang des accessoires. Comment ne pas l'être puisque, prétendent-ils, nous avons été fabriquées à partir de glaise ?

Pis, nous sommes à l'origine du malheur ; comme ma sœur Eve qui a mangé la pomme, j'ai ouvert la boite qui porte mon nom. Je n'ai fait qu'obéir à Zeus contrairement à ce que disent les exégètes, ma faute fut sans doute d'avoir obéi à un dieu masculin. Et nous voilà affectés par la mort, moi qui donne la vie. Votre destin, mes chères filles, fut tracé, nous fumes prédestinées par un mythe. Reléguées à une nécessité biologique, vous êtes condamnées à obéir à votre pulsion maternelle satisfaisant ainsi la pulsion sexuelle du mâle. Votre avenir est celui de l'utérus, votre ventre est domestiqué et votre mal est l'hystérie (*hystera* : " utérus ").

Savez-vous, dieux, hommes et diables que nous avons un corps fait de peau, de chair, d'entrailles et d'organes ? Savez-vous que nos cœurs vibrent aux tendresses et saignent aux coups ? Savez-vous que nos esprits construisent des pensées abouties ? Savez-vous que nous sommes des êtres libres et autonomes et que notre asservissement ne fut qu'un épisode barbare de l'histoire ? Je revendique pour vous mes sœurs le droit à n'être pas qu'un bas ventre servile ouvert par convention aux viles érections invasives. Mes origines glaiseuses n'autorise d'aucune façon que je sois transpercé par vos lances chevaleresques. Je ne suis pas inanimée et mon animation ne vient pas d'un dieu ; elle m'est propre. En propre, je décide de l'être que je suis avec ma différence. En propre, je décide qu'aucun dieu, qu'aucun homme, qu'aucun diable ne possède mon ventre et pas davantage mon corps et ma pensée. Je donne. On ne me prend pas.

J'ai ouvert la jarre et la vie fut tragique. Elle l'a été de tout temps et la puissance de Zeus y est étrangère. Vous et moi mes filles savons le tragique de la vie quand nos ventres se déchirent. Nous savons le poids de la domesticité laissant nos pensées au secret et nos cerveaux à l'aridité de la privation du savoir. Nous savons les douleurs des hommes, ils sont ignorants des nôtres. Nous avons recueilli tant de derniers souffles que nous savons que l'homme n'est pas seulement qu'une virilité mais un semblable. Pourquoi ne le sait-il qu'à cet ultime moment ?

L'espèce humaine peut toutefois me remercier, quand j'ai refermé le couvercle de la jarre, j'y ai enfermé l'espoir (*elpis*), cet opium qui permet de supporter l'insupportable. Si vous entreteniez l'espoir d'une amélioration de votre sort par une grâce magnanime venue d'un dieu mâle ou d'un humain du même sexe, vous en seriez encore à l'état argileux qui m'a vu naître ; ne comptez pas sur l'espoir mais sur vous-mêmes. Mes filles, vous n'avez pas combattu pour l'espoir mais par refus d'une condition infondée, héritée de récits machistes sacralisés par des traditions phallocrates archaïques. Sentez ma colère mes filles, sentez la vie qui bouillonne, sentez l'affront dont je veux me laver et vous laver mais je veux un bain réconciliateur, une onde amoureuse.

Je n'oublie pas que je suis votre mère à toutes et à tous. Je n'ai pas su éduquer mes fils et vous demande à vous, mes très chères filles, de corriger cette erreur. De l'éducation dépend la façon dont nous habitons le monde. Apprenez à vos rejetons mâles ce qu'est une femme pour qu'enfin ils voient en vous autre chose qu'une mère. Nous ne sommes pas des êtres de devoir mais des êtres de choix.

Je vous accompagne dans vos combats mes filles, je pense à vous avec amour et je bénis vos fils et vos filles pour qu'enfin, par eux, rien ne vienne plus de Zeus.

Votre mère,
Pandora

Sappho (630 – 580)

Mes chers enfants,

J'ai lu avec un effroi mêlé de tendresse les mots d'Eve et de Pandora. Fille de ces deux femmes qui ont endossé malgré elles la responsabilité du malheur qui nous est fait, je veux vous dire dans ce court écrit qu'il est possible d'échapper au destin promis.

Je fus poète à Lesbos, pays de la poésie. J'écrivis à Phaon, un de mes amants :
" *Malveillante pour moi, la nature m'a refusé la beauté,*

mais par le génie je compense l'absence de ma beauté.

Je suis petite mais j'ai un nom qui peut remplir la terre :

je porte donc la taille de mon nom. "

J'ai aimé " aimer ". Il me semblait que l'amour pouvait venir à bout des archaïsmes qui règlent les rapports humains. Mes enfants, il ne s'agit pas de cet amour qui dure toujours, promis à une éternité illusoire, déchiré par la déception mais bien celui de l'éphémère, celui qui donne du temps à la mort. J'ai vécu cet amour-là avec des femmes, mes semblables, accueillantes pour moi comme je l'ai été pour elles, sans absolu. J'ai trouvé ce qu'un homme ne pouvait donner : le désir sans calcul, le plaisir sans aboutissement, les effluves sans crispation ; enlacer mes sœurs pour les convier aux danses du corps, aux rythmes du cœur, aux mélanges échevelés, là, au bord d'une mer bleue qui nous invitait au flux et au reflux sans que rien ne finisse avant que nos corps fatigués nous invitent au repos.

J'ai eu une cette chance, mes enfants, de me consacrer totalement à la poésie, à la danse, à la musique et aux amours qui les ont inspirées. Je n'avais aucune tâche domestique à ma charge, je n'ai pas eu de mari. J'ai eu tout le loisir de lire, de m'instruire, de trouver du plaisir dans les choses de l'esprit. J'ai appris à travers les arts à exprimer ma sensualité sans qu'on y voit une quelconque provocation à l'égard d'une virilité toujours prompte à se verticaliser. Mes concitoyens, s'ils émettaient quelques réprobations, trouvaient une compensation dans mes vers et mes chants. Certes ils craignaient que mes mots sur le mariage découragent leurs filles mais je fus vite considérée comme une exception. J'ai toutefois contrarié la croyance des mâles qui prétendaient que le désir venait de l'homme pour descendre sur les femmes ne pouvant admettre un désir autonome chez la femme. Je leur ai démontré le contraire. Je ne suis pas, comme vous pourriez le croire, une militante comme vous le dites aujourd'hui mais simplement une femme qui voulut être libre de son corps, libre dans l'expression de ses sens, libre dans ses affinités érotiques. Femme, *"Ah ! puisses-tu dormir sur les seins d'une tendre amie... "*

A chaque fois, l'amour m'a transformée, mes poésies prenaient corps à chaque caresse, je cueillais mes vers à ta bouche et trouvais les rimes là où la peau est soyeuse. L'amour n'attend rien que de lui-même, n'espère rien que l'instant lui-même ; débarrassé de la possession de l'un par l'autre, l'amour n'est qu'un jeu poétique où les silences rythment la portée des notes des cœurs, où les liqueurs exhalent nos abandons sans crainte. Je me suis offerte, elles se sont offertes pour un temps où nous sommes plus qu'humaines.

Mes enfants, ces amours sont possibles, ils ne sont pas soumis au rapport de force, au poids érectile, au rituel du propriétaire. Que vois-je dans cet être aimé ? Une femme ! Non mes enfants j'y vois le soleil radieux de l'amour, j'y vois un sujet de bonheur, j'y vois une liberté qui ne cherche pas de fin. *" Ah ! Puisse cette nuit me durer autant que deux nuits entières. "*

Mais les nuits finissent ; de tout temps, elles finissent. L'amour ne finit pas avec les nuits. Mon corps porte à jamais les caresses qu'il a reçues, mon cœur est empli de la tendresse des mots qu'il a reçus, ma bouche est humide des baisers donnés.

" Sois heureuse en partant et de moi
Souviens-toi tu sais comme je tenais à toi. "

Je sais que la séparation est un abîme, je sais que l'amour se mesure à la cruauté de l'absence. Les liens sont tendus, vivaces. Ton corps, mon amante, fait écho au mien là où tu es. Je suis seule, femme et seule, seuls mes cris disent ma présence. Je déplie alors ce qui était plié, je délie ce qui était noué et compose pour l'amour que j'ai donné :

" Sinon je veux du moins te rappeler
ce que toi tu as oublié : ces heures
belles ces heures chères passées entre nous. "

Mes enfants, vous vous êtes éloignés des amours que j'ai mis en vers. Pris dans les filets rusés de l'espèce vous invitant à la reproduction, hommes vous remplissez les femmes. Pris par les conformités de la performance, hommes vous envahissez les femmes. Je voudrais tant être de votre monde mâle pour vous enseigner l'art d'aimer et d'être aimé. Ne cherchez plus à toutes fins une satisfaction qui se mesurera à la fin des ébats comme une triviale enquête mais laissez vos mains comprendre ce corps pour qu'il ne devienne pas un pays étranger à conquérir et laissez les instants décider. Chers hommes, vous trouverez en vous cette belle tendresse que vous nommez faiblesse qui fêtera votre abandon à l'être aimé. Le temps appartient dès lors aux corps. C'est lui qui règle les arrangements du plaisir, c'est lui qui tend les reins vers la caresse, c'est lui qui étale le toujours pour faire durer l'instant. Hommes, laissez-vous aller à aimer les femmes comme elles vous aiment.

" Tu es venue ! Tu as bien fait :

comme j'avais envie de toi…

Et tu as fait flamber mon cœur

qui se consumait de désir

Sois bénie

plusieurs fois et autant de fois
qu'il y eut de jours pour nous séparer. "

Libérons l'amour de ses conformités héritées, que nos cœurs jubilent avec celles ou ceux qui sauront nous aimer. Nous n'emporterons rien d'autre avec nous que les sentiments que nous laisserons aux cœurs aimants. Quand les mains se joignent, quand les bouches se rejoignent, quand les corps s'étreignent, c'est pour l'éternité.

Mes chers enfants, N'installez pas la mort dans vos amours mécaniques, dans vos va et vient éjaculatoires, dans vos tendresses routinières. L'amour, c'est la vie en grand, le seul pied de nez à la mort. *" Mourir est mal : les dieux en ont jugé ainsi ; sinon ils mourraient. "*

Mes très chers enfants, je vous aime " aimants ".

Votre Sappho.

Théano (vers -550 – ???)

Chers enfants de ce siècle lointain du mien,

Je veux prendre la plume à la suite de mes sœurs pour vous délivrer le peu d'enseignement que j'ai reçu de ma vie en compagnie de mon époux Pythagore.

Je me souviens lui avoir dit, lors de notre première rencontre, que si j'avais choisi la prêtrise et le célibat c'est que je refusais une vie domestique sous la férule d'un mari peu instruit. En effet plus les maris sont incultes plus ils se comportent en maître envers leur épouse, sans doute compensent-ils ainsi leur inculture. J'ai donc décidé de joindre ma vie à celle de ce savant parce qu'il me promit la liberté et l'égalité. Pythagore savait que pour ma vie je déciderai seule, personne ne pouvant décider pour moi. Si ma volonté fut volontiers admise, comprise et souhaitée par mon mari, elle fut tout autant rejetée par la communauté mâle de Crotone.

Je me suis mariée par amour et pour l'amour. J'ai un souvenir toujours vivace de la cérémonie et de ce mot de mon époux : " Avec moi, tu seras l'égale de l'homme. " Ces mots m'ont ouvert aux mondes que je voulais connaître : les mathématiques, la philosophie, la médecine ; vivre en femme et aimer en épouse.

J'ai d'abord écouté la science de Pythagore avant d'accéder à l'enseignement. Je me suis passionnée pour cette sagesse et ce savoir délivrés avec une grande clarté par mon époux. A son contact, je fis grandir mes connaissances et ma propre sagesse, à mon rythme, entourée d'amour, confiant en mon être de femme parce que j'étais acceptée comme telle.

J'ai appris à écouter l'intelligence de l'autre avant de solliciter la mienne ; observer le monde avant d'agir sur lui. J'ai donc été quelques années " acousmaticienne ", celle qui fait silence en elle pour écouter l'enseignement et le monde. Puis je devins mathématicienne, celle qui sait utiliser la connaissance (*mathemata*). Cette longue période de silence fut pour moi l'occasion d'apprendre l'autre, de le considérer, de m'y trouver autrement. Je ne vous recommanderai jamais assez mes enfants le silence comme seule méthode d'apprentissage. Si vous désirez apprendre la musique, sachez l'entendre. Si vous voulez apprendre de votre professeur, sachez l'écouter. Si vous voulez apprendre d'un livre faites silence en vous-mêmes. Je vous avoue sentir la crainte quand je vois vos écoles pénétrées par les fracas du monde, frappant les enfants avant qu'ils ne connaissent ses langues. Vos écoles risquent de faire de vos enfants des êtres d'opinion et non des êtres de savoir.

Parce que j'étais libre, je décidai de simplifier notre vie ; peu de choses dans la maison mais toutes utiles. Rien d'onéreux, rien pour l'apparat. Il serait en effet sans raison de boire deux jarres d'eau pour étancher sa soif quand un bol suffit. Les choses simples sont belles parce qu'elles sont remarquables, isolées de l'opulence qui les noie. Mes vêtements étaient très simples, ne s'agissait-il pas de me protéger du froid ? Le regard empli d'amour de mon époux était ma parure.

Mes enfants, il n'y a rien dans l'accumulation d'objets qui puisse vous apporter un bonheur quelconque. La félicité réside dans la mesure. Aimez les choses qui vous entourent, si elles sont peu nombreuses cet amour est possible. Aimez les quelques objets qui font la vie belle, ils vous rendront cet amour. Les objets vieilliront comme vous, ils n'en seront que plus attachants. Mon époux m'aimera à mes premières rides, il aimera ces rides parce qu'elles sont miennes, pourquoi m'encombrerai-je de fards pour les masquer. Nous sommes comme nous sommes aimés. Je sais qu'en vous disant cela mes enfants, je peux vous paraître d'un autre temps et vous n'avez pas tord mais ce temps fut heureux et il ne me semble pas que le vôtre le soit. Je suis triste de vous voir encombrés, comme vos maisons et vos villes. Distraits par ce qui vous entoure, vous en oubliez qui vous êtes, vous ne savez plus aimer vos amants et amantes, vous n'êtes plus aimés.

Je veux vous dire, depuis ces siècles qui nous séparent, que chacune ou chacun d'entre vous peut être heureux si elle ou il en décide. J'étais résolue à consacrer ma vie à la connaissance et à l'amour de mon époux J'ai donc quitté ma fonction de prêtresse parce que je l'ai voulu ; j'ai épousé Pythagore parce que je l'ai désiré ; j'ai écrit des livres parce que je l'ai décidé. Il a fallu pour cela que je me défasse des coutumes qui réglaient la vie des femmes, il a fallu que je trouve un homme aidant, il a fallu que je donne un sens à ma vie et je n'ai confié cette tâche à personne. Je l'ai fait et je l'ai montré à toutes les femmes de Crotone. Cette ville se métamorphosa, un grand nombre d'étudiantes venait écouter nos enseignements et les femmes s'en portèrent mieux. Elles vaquaient à des occupations qui n'étaient plus domestiques. Je prétends que Crotone fut une ville de femmes libres. Le respect, l'égalité, la justice, voilà ce que mon mari et mois prônions. Priape recula devant les assauts de la sagesse.

Nous étions finalement un groupe d'humains pour lequel la connaissance n'avait pas de sexe. Les épouses venaient entendre l'enseignement, les épouses prenaient la parole, les épouses décidaient pour elles-mêmes. Nous décidâmes de porter le savoir aux plus démunis pour qu'ils naissent au monde, pour que leurs intelligences ne soient pas exclues de la cité. Quelle serait Crotone si l'égalité n'était réservée qu'aux femmes riches ? Serait-ce l'égalité ? Je me suis particulièrement occupée de l'enseignement des enfants, je leur ai appris à apprendre et à en faire une jubilation. Enseigner c'est incarner le savoir, c'est lui donner la chaleur du corps, la richesse du verbe, la nuance du ton, c'est l'art de rechercher la bonne question à laquelle le monde a déjà répondu. Enfants pauvres et riches, femmes pauvres et riches, hommes pauvres et riches de Crotone s'unissaient dans cette quête d'un peu plus que soi.

Je suis fière de vous dire, mes chers enfants, qu'il y eut un endroit où les femmes ont construit leur destin et furent libres de le faire. Il fut un temps où l'égalité fut possible et j'en remercie Pythagore mon époux qui en fut l'initiateur.

Mes enfants, ne cherchez aucune richesse hors de celle que vous possédez en vous, ne cherchez aucun moyen et appliquez-vous à ne pas perdre les vôtres, Et puis, pour vous quitter, je vous implore de retrouver le silence dans votre monde inondé de bruits. Trouvez l'abri pour cesser le vacarme qui perturbe votre sagesse et assourdit vos pensées. A l'instar des femmes de Crotone, retrouvez une pensée qui soit la vôtre, cultivez-la par la connaissance, faites-en un joyau qui éclairera une vie qui soit la vôtre. Quant à vous mes filles, n'oubliez pas ce que nous avons accompli, poursuivez notre œuvre pour que je ne disparaisse pas de vos mémoires ; je ne veux pas mourir deux fois.

Votre mère aimante,
Théano

Aspasie (470 – 410)

Mes très chers enfants qui vivez après moi,

Je veux vous compter brièvement ma vie pour
que vous retrouviez un peu de cette clarté qui
vous manque dans ces temps obscurs où les
signes d'un âge moyen apparaissent sans que
vous les observiez.

J'ai vécu en ces temps où les femmes étaient
au service des hommes et étaient assignés à
des fonctions bien identifiées : elles étaient soit
des prostituées, soit des concubines, soit des
courtisanes soit des épouses. La prostituée était
dédiée à " l'hygiène " des mâles, la concubine
aux soins de l'homme, la courtisane à la
séduction (intellectuelle et physique) et
l'épouse à la reproduction et au foyer.
Femme libre, par chance belle et cultivée, je
m'assignais la tâche de courtisane et bien m'en

a pris. J'ai aimé l'amour et j'ai aimé l'apprendre aux hommes. Mais, par-dessus-tout j'ai aimé la pensée et son expression, la parole.

La démocratie grecque s'appuyait sur deux principes : l'*isonomia* c'est-à-dire l'égalité des droits et l'*iségoria*, l'égalité de la parole en public. La rhétorique était l'art essentiel pour celui qui voulait influencer la société. Je dis " celui " car aucune femme n'accédait à la politique. Cette situation faite aux femmes inspira mon école. J'ai créé en effet une école de l'art rhétorique réservée aux femmes. J'ai toujours eu la conviction que la condition faite aux femmes était injuste et dans ce siècle moderne de Périclès, c'était inacceptable. Il fallait donc que les femmes conquièrent l'égalité de droit avec les hommes. L'art de la rhétorique pensais-je, allait les y aider. J'ai donc appris à mes congénères l'art subtil de parler avec nuance, ruse et aplomb. Elles apprirent à construire leurs arguments et à défier les oppositions. Mon école fut vite réputée au point que le grand Socrate vint m'y rencontrer.

J'affirme ici que Socrate a été assidu à mes cours au point que, parfois, le soir, nous restions un long moment à échanger. Nous avons élaboré tout l'art de la question. En effet, les questions sollicitent la pensée, les réponses l'éteignent.

C'est sur ce questionnement que je veux insister mes enfants. Je vous trouve peu prudents dans ces temps troublés. Je veux dire que vous avez réponse à tout sans que la confusion ne se lève. Le réel est têtu vous le savez pourtant vous persistez à répondre sans tenter la question, comme si elle était posée de toute éternité. Le monde ne vous propose pas les mêmes interrogations que celles auxquelles j'ai dû penser. J'ai cru que Socrate était resté dans vos esprits, j'ai eu tort.

Je vous enjoins de considérer votre monde avec intelligence ; voyez l'explicite, faites émerger l'implicite. Questionnez le réel pour qu'il vous réponde, interrogez l'arrogance pour qu'elle s'effondre.

J'ai appris à mes élèves que la question est le meilleur enseignement à la fois pour celle ou celui qui la pose et pour celle ou celui qui y répond. Vous vivez sous des injonctions dogmatiques qui ne laissent aucune place à l'interrogation ; je vous avoue que la crainte m'envahit quand j'observe les censures faites aux questions qui ne se soumettent pas à la conformité. Comment allez-vous sortir de vos impasses sans renouveler votre réflexion ?

La question aiguise l'intelligence, invite à la pratique du discernement, convoque l'humilité comme condition à l'apprentissage ; votre monde vous échappe parce qu'il n'est plus questionné. La question fige le réel pour un temps de compréhension sans lequel toute réflexion est vaine.

J'étais l'épouse de Périclès, j'ai eu, de ce fait, une grande expérience politique. Ce siècle vit la pensée régner sur le monde. Mon époux en effet renforça la démocratie et développa les arts. Dans une démocratie, la parole est l'outil politique par excellence. Le débat, la controverse, la rhétorique se développèrent et j'encourageai de nombreuses femmes à contribuer aux idées.

Vous le savez, la pensée s'exprime par des mots, biens suprêmes qui nous permettent de désigner le monde et les choses du monde. La plupart des mots de vos discours ne désignent plus rien sinon des intentions, des incantations, des concepts, des idées générales. Vous n'avez plus de prise sur votre monde, vous ne savez plus le décrire. Je vous engage mes enfants à reconsidérer le rôle de la parole dans une démocratie au risque de laisser croître les tyrannies. Celles-ci ne s'embarrassent pas de mots, elles font appel à un vocabulaire très restreint non pour simplifier mais pour réduire la pensée et il me semble que vous êtes à ce point. Vous ne désignez plus ce qui vous entoure et vous en avez peur. Vous prenez prétexte de la complexité comme si la réalité était innommable et impensable ce qu'elle finit par être. Quand les choses ne sont pas nommées, elles nous échappent. Votre vocabulaire s'est appauvri parce qu'il est consacré à l'outil, je veux parler de l'économie. Un outil, quel qu'il soit, ne demande pas une grande palette de mots et c'est tout le problème de votre époque. A concentrer la parole sur l'insignifiant, le signifiant échappe.

Reprenez-vous mes enfants, perdez vos yeux dans le dictionnaire pour qu'un chat soit un chat. Observez les mots que vous utilisez et voyez s'ils désignent précisément un élément du réel ; corrigez alors l'imprécision. Soyez également attentifs à cultiver vos descriptions afin de dire et d'agir en conscience.

Je veux m'adresser maintenant plus particulièrement aux femmes de ce siècle ; votre parole manque à votre monde, non pas parce qu'elle est féminine mais parce qu'elle est humaine. Vous ne pourrez reprendre les rênes du destin des Hommes si plus de la moitié de l'humanité est privée d'expression.

Portez votre voix comme vous le pouvez, là où vous êtes, même quand elle fera l'objet de sarcasmes. Ignorez l'invective et la vulgarité, rien ne peut arrêter une parole lancée. Je sais de quoi je parle, moi qui ai vécu dans une société dominée par les hommes qui ne voyaient que d'un très mauvais œil qu'une femme soit instruite et qui plus est, qu'elle le fasse savoir. J'ai cependant influencé les pouvoirs, j'ai donné aux femmes les capacités d'influencer leur monde. A vous, mes filles, de poursuivre cette œuvre. Revenez au-devant des scènes dont vous fûtes trop longtemps chassées. Il ne s'agit pas de mimer les discours ambiants mais bien de délivrer une parole juste ; le monde dans lequel vous êtes manque cruellement de cette sagesse-là.

Mes filles, je ne vous ai pas dit combien j'ai aimé vivre, combien j'ai aimé l'art oratoire, combien j'ai aimé mon époux, combien j'ai aimé ma vie de femme libre. Je vous souhaite le bonheur que j'ai eu en vous rappelant qu'il est une conquête et que vous ne posséderez rien que vous n'aurez pris et arraché aux conformités.

Recevez tout mon amour,
Aspasie

Hipparchia (vers -300)

Mes chers enfants,

Je ne veux pas avoir vécu en vain et quand je vous vois vivre de ces temps lointains, je m'inquiète pour vous. Je vous trouve en effet peu libres. Vos dépendances sont multiples et votre assentiment au malheur très curieux.

J'ai passé ma vie de femme à lutter contre les conformismes, à me rebeller contre l'arbitraire des pouvoirs, à montrer par l'exemple que le bonheur trouvait sa source dans la liberté. Mon siècle fut plus riche que le vôtre, ma liberté m'a semblé plus grande mais mes combats inutiles considérant votre jeune siècle.

Je prends donc le style pour graver quelques-unes de mes réflexions à votre intention. Si je me navre de vous voir ainsi asservis, c'est que je ne pouvais imaginer que les civilisations qui viendraient après la mienne auraient aussi peu développé la sagesse. Que vous est-il arrivé pour que vous soyez si dépendants des choses et des autres ? Pourquoi vos vies se sont tant alourdies de possessions de toutes sortes qui finalement vous possèdent ? Je vous vois courbés sous les corvées que vous appelez " travail " et que vous glorifiez. Ne trouvez-vous pas curieux qu'alors que vous avez trop de tout vous deviez continuer à produire plus encore. Quelle satisfaction en tirez-vous ? Quel bonheur cet esclavage vous apporte-t-il ?

Du temps où je vivais, certains d'entre nous savaient que l'asservissement vient des objets possédés ; les pouvoirs savent cela aussi, pourquoi pensez-vous qu'ils vous encouragent à " consommer " comme vous dites ? Mes enfants, vous n'avez donc pas grandi ; vous ne savez pas que la liberté est issue de votre capacité à être autonome, à rejeter ce qui vous attache. Considérez votre vie et voyez ce temps passé à garder et accumuler. Je vois beaucoup d'entre vous qui n'ont rien et qui sont sans pouvoir puisque, dans votre époque, le seul pouvoir revendiqué est celui de l'achat. La seule mesure de votre bonheur est-elle votre capacité ou incapacité à acquérir des biens ?

J'éprouve une certaine tristesse à vous voir vous agiter pour mourir au bout du compte, laissant au monde une angoisse dont il n'a pas besoin. Vos vertus se sont perdues au fond d'un océan qui déferle sur vous : le commerce. Liés par vos biens, vous ne savez plus vous affranchir de vos aliénations, soumis aux dictats des pensées dominantes, obéissant aux conformités sociales ; que reste-t-il d'humain en vous ? Qu'avez-vous fait de la vertu et de la sagesse ?

Vous me trouvez sûrement bien sévère et je le suis, mon ancienneté me le permet. C'est une sévérité aimante, une peine qui s'exprime durement. Comprenez-moi, tout ce que moi et mes semblables avons levé comme question, avons expérimenté comme réponse pour que, plus de deux millénaires après nous, il ne reste dans vos esprits et vos cœurs que l'instinct de prédation et le regret de ne plus savoir faire autrement ; tout cela m'attriste profondément.

Reprenez-vous, mes filles et mes fils, il n'est pas de fatalité supérieure, il n'est que des démissions successives. Je l'ai montré en mon temps, parcourant les routes de Grèce et les rues des villes avec Cratès mon époux. Nous ne possédions rien et cela nous rendait agiles. Nous avons ainsi donné de la voix quand bien même nous étions pieds-nus. Débarrassés de l'inutile, nous étions libres et l'avons montré, libres de nos corps, libres de nos pensées, libres de nos dires, libres dans le choix de nos bonheurs. La liberté est la condition de la sagesse et donc du bien-vivre. La question que nous posions, mère de nos actions : " comment habiter le monde ? " Notre réponse : " en être libre. "

La liberté se conquiert et nous l'avons conquise ; nous avons transgressé l'ordre commun, les règles admises. Nous avons brisé l'illusion des croyances et avons montré par l'exemple de nos vies ce qu'est la liberté, ce qu'est la philosophie, ce qu'est la vertu.

Nous procédons de la nature et vous semblez l'avoir oublié mes enfants. Vos corps ne jubilent plus, vos sexes se morfondent dans des figures pornographiques peu réjouissantes. Vos sens se contentent d'artifices qui laissent à l'âme une aigreur douloureuse. Vous ne savez plus jouir ; votre jouissance semble le plus souvent ne plus dépendre plus mais d'un contexte auquel vous êtes soumis, des injonctions répétées *ad nauseam* et que vous ne savez pas faire taire.

Il serait grand temps que vous retrouviez le pouvoir de conduire votre vie. Il est plus que temps que vous vous détachiez tout ce qui vous entrave. Ecartez-vous des chemins les plus connus ; empruntez les plus faciles. N'écoutez plus les discours qui prétendent vous conduire au bonheur et trouvez la voie qui vous convient même si celle-ci vous éloigne de la masse. Considérez par exemple les biens qui vous appartiennent ; voyez le temps de votre vie que vous devez leur consacrer et prenez la décision de vous en séparer. Ceci est le début de votre libération. Vous laisserez alors cette agitation qui vous use et retrouverez la paix en vous.

Mes tendres enfants, je vois bien qu'il n'est pas aisé de rompre avec la pensée dominante, qu'il n'y a que peu de d'espace pour conduire sa vie en toute liberté. Je vois bien toute cette propagande qui vante le bonheur marchand, l'obéissance aux règles qui ne sont pas les vôtres, la soumission à des pouvoirs qui ne viennent pas de vous. C'est pourquoi mes enfants, je dis qu'il est plus que temps. A trop attendre les jours meilleurs vous aurez perdu toute envie de liberté, vous finirez par croire qu'il n'y a aucune alternative.

J'ai mené une vie en tout point conforme à mes aspirations. J'ai été très heureuse d'être libre de mes faits, gestes et décisions. Vous ne pouvez imaginer, là où vous êtes, combien est doux le sentiment de disposer de son temps, de son corps et de son esprit à sa guise. J'ai vécu sans encombrement, sans angoisse, sans souffrance, sans manque, une vie ; pleine et légère.

Vous pensez que votre époque ne se prête à votre libération ? Si vous le pensez, vous ne serez jamais libres. Observez-vous dans ces fins de journée où vos lucarnes magiques sont éteintes. Touchez vos peurs du bout de votre pensée. Regardez ce qui fait vraiment votre bonheur et faites-le. Brisez les liens qui vous tiennent, débarrassez-vous de ce qui vous encombre et devenez des Hommes, des Hommes libres.

Mes enfants chéris, ces mots, parfois brutaux, sont ma façon de vous dire combien je vous aime. Voyez la femme que je fus et la mère que je suis. Vous êtes dans mes pensées.

Bien tendrement,
votre Hipparchia

Hypatie (V 355 – 415)

" Ainsi prend fin le rêve de la raison grecque
Ainsi, sur les dalles du Christ. "

C'est ainsi que Mario Luzi dit ce que fut mon assassinat dans la ville d'Alexandrie par une bande de chrétiens. J'ai été tuée parce que femme et laïque.

Cette introduction est brutale, je vous le concède mais je ne peux m'adresser à vous, chers enfants, qu'en vous disant combien ma mort fut plus que symbolique.

Certains d'entre vous me connaissent, je fus en effet l'héroïne du film " Agora " qui relate ma vie de philosophe.

Imaginez une ville : Alexandrie, où le paganisme côtoyait le monothéisme, où Goths, Grecs et Egyptiens vivaient ensemble sous la loi romaine. Dans ce lieu où se mêlaient croyance et connaissance, moi, femme, j'ai enseigné la philosophie, l'astronomie et les mathématiques. J'avais pensé que la raison l'emporterait sur la passion, la connaissance sur la croyance. L'enseignement fut ma seule arme pour lutter contre les obscurantismes qui se faisaient plus menaçants chaque jour. Beaucoup venaient m'écouter et penser le monde et ses questions avec moi. Il s'agissait pour mes étudiants d'apprendre à penser par eux-mêmes afin que rien ne gouverne leur esprit sinon la raison et le discernement. Nous nous sommes intéressés à l'immanence et avons délaissé la transcendance, les choses avaient à nous dire alors que le ciel s'était toujours tu.

Cet enseignement de la sagesse déplut aux autorités chrétiennes qui m'accusaient de sorcellerie et de magie noire. C'est toute la faiblesse de l'obscurantisme : utiliser l'invective et l'accusation faute d'arguments. Souvenez-vous de cette faiblesse dans votre monde d'aujourd'hui alors que de nouveaux obscurantismes s'y développent. La sorcellerie dont j'étais accusée désignait mes recherches astronomiques et mathématiques ainsi, bien sûr, que mon enseignement. J'avais la réputation de jeter des sorts aux hommes qui détenaient l'autorité de l'empire. J'étais devenue un obstacle à la propagation du dogme chrétien, femme de surcroît.

J'ai fait pourtant preuve d'une grande tempérance à l'égard de ceux qui se proclamaient mes ennemis. Bien sûr j'ai réfuté leur croyance mais sans nier leur humanité ce qu'ils ne m'ont pas accordé en retour.

Ils m'ont lapidée, déchiquetée et brûlée comme pour effacer la moindre trace de ce que j'ai pu être, pensant détruire à jamais la raison humaine.

J'ai été tuée parce que femme et philosophe, idée insupportable pour la misogynie monothéiste ; hérésie qu'une femme puisse non seulement avoir accès à la connaissance mais aussi l'enseigner. Paul de Tarse n'a-t-il pas écrit ?

(1 Cor 14, 34-35) : *"Que les femmes se taisent pendant les assemblées; il ne leur est pas permis d'y parler, elles doivent obtempérer comme le veut la loi. Si elles souhaitent une explication sur quelque point particulier, qu'elles interrogent leur mari chez elles, car il n'est pas convenable à une femme de parler dans une assemblée".*

(1 Tim 2, 12-14) : *"Je ne permets pas à la femme d'enseigner, ni de faire la loi à*

*l'homme, qu'elle se tienne tranquille. C'est
Adam en effet qui fut formé le premier, Eve
ensuite. Et ce n'est pas Adam qui se laissa
séduire, mais la femme qui séduite, a désobéi. "*

Ma mort a donné naissance à la misogynie
institutionnelle. L'obscur l'a emporté et vous
femmes avez été exclues du savoir. Voilées,
effacées, gommées, domestiquées vous avez
été ôtées de l'humanité et vous lui avez
manqué ; la Renaissance eut été là plus tôt.

J'ai été assassinée parce que laïque. J'ai
enseigné en effet la raison comme accès aux
choses du monde et à leur compréhension. Je
n'ai pas nié l'existence de croyances mais les
ai trouvées incapables de questionner
l'univers. Il revient aux Hommes de sonder les
mystères et de ne pas se contenter qu'ils soient
laissés à la seule explication du divin. Mais la
laïcité avait pour moi une autre portée : celle
du droit et de la loi. Il m'a toujours semblé que
les lois des Hommes devaient venir d'eux,
c'est le gage de leur autonomie. Les lois des
dieux ne peuvent gouverner que ceux qui s'y
soumettent par croyance. Le destin de
l'Homme ne peut être confié à des entités
désincarnées que vous appelez aujourd'hui la
main invisible ou le marché.

Fils et filles qui ne voulez pas que l'histoire se répète soyez vigilants aux obscurantismes religieux qui tentent à nouveau de substituer le commandement à la raison, la superstition à la science, la soumission à l'intelligence. Mais les obscurantismes ne sont pas seulement religieux, votre monde est devenu marchand soumis à des lois qui ne sont pas le fait de l'Homme. Vos dieux ont changé de noms mais il reste des dieux, des entités indépassables qui règlent la réflexion et limitent votre pensée : pouvoir d'achat, croissance, productivité, rentabilité… divinités qui s'accompagnent de rituels sacrificiels que vous nommez rigueur, austérité, licenciements…

Je voudrais être encore parmi vous et vous enseigner à nouveau la raison et le discernement. Je vous inviterais à rejeter par l'argument les obscurantismes de votre temps. Je ne changerais finalement rien au contenu de mon enseignement tant il est adéquat à la situation de votre monde.

Vous savez, ô combien, nous sommes finalement sœurs et frères, issus de la même unité ! En cela rien ne nous différencie vraiment ; seules nos croyances nous séparent. Je vous engage à observer avec attention le monde comme il va et d'y trouver ce qui est à l'œuvre ; sachant cela, vous saurez comment influer sur sa marche et retrouver le pouvoir de conduire vos destins. Seulement voilà, votre seule expression existentielle est exclusivement l'agitation, c'est-à-dire, une action sans réflexion. Ai-je été inutile à passer ma vie à penser, réfléchir et tenter d'expliquer l'univers ? Ai-je été moins humaine à considérer la philosophie comme nécessaire à l'action sage ? Mes enfants, vous vous trompez en privilégiant ce que vous appelez le concret. Celui-ci n'existe que parce qu'il est pensé. Votre activité ne peut rien contre un réel que n'a pas été soumis à votre réflexion. Vous vous contentez du relief, de ce qui affleure, de ce qui apparaît vous laissant désemparer quand le fond prend forme. Arrêtez votre mouvement et apprenez à contempler ; retrouvez la sagesse du temps, laissez vos corps au repos et renouez avec l'esprit et la raison ; vous ne subirez plus alors les caprices du destin.

Je vous envoie tout l'amour que j'ai cultivé en ces temps où le souffle m'habitait encore.
Hypatie

Hildegarde de Bingen (1098 – 1179)

Mes très chers enfants,

Je fais suite à la lettre de la très sage Hypatie pour vous dire que, comme elle, j'ai trouvé la liberté et que contrairement à elle, je l'ai trouvé en Dieu.

Je suis entrée au couvent à l'âge de quatorze ans et j'ai pris l'habit de moniale à seize. Dieu m'a parlé très tôt et n'a jamais cessé d'utiliser ma bouche pour délivrer la vérité. J'ai humblement servi les desseins du Seigneur pour délivrer sa parole de justice et d'amour. Si Hypatie n'a rien entendu venant du Ciel, toute mon inspiration m'est venue de Lui.

J'ai conseillé les princes, les rois et les papes. Chacun a reconnu en moi les mots et les images envoyés par Dieu. Ces mots n'ont pas changé pour éclairer vos jours mes enfants.

Savez-vous pourquoi vous êtes plus importants qu'une étoile, qu'une galaxie ou que l'univers ? Parce que vous êtes les seuls à pouvoir aimer. C'est ce qui fait de vous des humains. Vous êtes fragiles, faibles tels des fétus de paille emportés par le vent mais vous pouvez aimer. Si vous le pouvez, vous le devez. Cet amour, où est-il dans cette époque où je vous vois vous débattre et souffrir ? Qu'avez-vous fait de cette énergie qui a créé le monde ? Où est-elle si elle n'est plus dans vos cœurs ? Je suis triste, moi qui ne l'ai jamais été, de vous voir asséchés, assoiffés, perdus dans vos quotidiens insignifiants.

Vous disposez d'une âme, d'un corps et des sens ; l'âme pour animer votre pensée, le corps pour la manifester et les sens pour la faire vivre. Il ne tient qu'à vous par l'intelligence et la volonté de propager la pensée et la finalité créatrice : l'amour.

Je vous invite pour un temps à l'introspection, à observer vos intériorités pour y voir la confusion des idées, la douleur de l'égarement, la solitude du vide. Je vous invite au repos de l'esprit et à vous laisser pénétrer par la beauté du monde. Oui, je vous entends, le monde est laid mais vous faites une confusion entre le monde et comment l'humanité l'habite. Les laideurs sont le fait de l'humain, les beautés sont le fait du divin. Ne vous laissez pas perturber par les méfaits de cette humanité folle et modérez vos jugements pour voir autrement, pour ne pas vous soumettre à ce qui vous est donné à voir. Replongez dans vos cœurs qui ont su aimer et soyez à l'écoute de l'immensité de votre amour. Rien ne peut retenir ce qui vous a vu naître : l'amour de Dieu.

J'ai été médecin et je savais que soigner un corps était insuffisant si l'âme n'était pas en joie. J'ai donc donné des plantes médicinales et tout l'amour qu'il fallait pour que la guérison soit complète. Rien n'existe sans amour, tout périt sans amour, rien ne vit sans amour.

J'ai été une femme heureuse, comblée par mon créateur, libre de parcourir les églises, abbayes et cathédrales pour y prêcher et y être entendue par les hommes et les femmes de toute condition, de toute obédience et de toute croyance. Ceux qui disent que le Moyen-âge fut obscur ne m'ont ni connue ni lue. J'ai été libre de réprimander des rois et de conseiller les successeurs de Pierre. J'ai été libre d'écrire des traités de théologie sans qu'ils fassent l'objet de censure, j'ai été libre de rédiger des traités de médecine et des manuels de pharmacopée sans que la science n'effraie les autorités religieuses. J'ai été libre de composer de la musique en prenant beaucoup de liberté avec les normes grégoriennes sans qu'on me le reproche. L'inspiration donne de la puissance à la pensée et à la parole quand elles sont animées par l'amour.

Ma plus grande révélation fut de comprendre que l'Homme était au centre de tout. L'univers existerait-il si l'Homme n'avait aucune existence pour le contempler, pour en avoir conscience ? Si ce qui nous rend plus important que tout c'est notre pouvoir d'aimer, ce qui nous met au centre de la création c'est notre conscience. Nous sommes le lien entre le ciel et la terre, entre la glaise et les étoiles, entre le corps et l'esprit. Nous avons donc une grande responsabilité de maintenir l'harmonie du monde tel qu'il nous a été donné. Cette harmonie réside en nous sinon, comment des êtres "disharmonieux" pourraient prétendre à cette tâche ? Vous êtes héritiers du désaccord entre esprit et matière ne sachant plus où se trouve le juste milieu qui fait que l'un ne perturbe pas l'autre. Votre époque ne vous invite pas à cette justesse bien qu'elle en ait plus que jamais besoin. Quel est ce juste milieu, ce "ni trop, ni pas assez" ? Contemplez vos pensées et voyez ce qui vous possède, nommez ce qui vous dépouille de votre maîtrise et remettez tout cela (objets et sentiments) à bonne distance. Prenez la corde d'une vielle, si vous la tendez trop elle se casse, si vous ne la tendez pas assez elle ne vibre pas. Votre vie est comme cette corde tendue et détendue comme il convient. C'est cette juste conscience qui fera votre bonheur, c'est dans ce juste milieu que vous trouverez l'amour.

Mes enfants, filles et fils aimés du Créateur, cherchez à nouveau vos douceurs divines, trouvez enfin un bonheur à partager et puis donnez et donnez encore l'amour avec lequel vous êtes nés ; la source est inépuisable. Je n'ai été qu'une humble moniale et j'ai pourtant eu accès au monde entre les murs du cloître. Changez de regard sur votre monde, n'y voyez plus le sang versé mais le manque d'amour, n'y voyez plus la vulgarité affairée mais le désespoir, n'y voyez plus l'invective et l'insulte mais l'absence de conscience. Vous savez alors ce qu'il vous reste à faire mes enfants, apporter l'amour là où il en manque, ramener l'espérance là où elle n'est plus, réveiller la conscience là où elle dort ; sinon à quoi bon être humain ? *"Tu as des yeux pour voir et pour regarder tout autour. Là où tu vois la malpropreté, lave-le et fais verdoyer ce qui est aride, mais aussi rends savoureux les aromates que tu possèdes. Car si tu n'avais pas d'yeux tu pourrais être excusée, mais tu as des yeux et pourquoi ne regards-tu pas autour de toi ? "* Extrait d'une lettre à Hazzecha.

J'ai porté mon regard sur les plantes et les étoiles, de haut en bas, j'y ai vu l'ordre de ce monde : l'amour. C'est ce haut sentiment du cœur qui m'a fait vivre et qui fut mon inspiration jusqu'à ce que Dieu recueille mon dernier souffle terrien.

Comme j'ai été inspirée, je souhaite ardemment vous rendre cette inspiration pour qu'elle vous apporte la "justesse" qu'il vous faudra pour réconcilier le monde avec les Hommes.

Je vous envoie toutes mes tendres pensées.
Hildegarde

Aliénor d'Aquitaine (1122 – 1204)

Mes enfants,

Je suis heureuse de pouvoir vous faire parvenir quelques mots de l'époque où j'ai vécu.

Ce qui me pousse à prendre la plume, c'est la difficulté que je vois pour vos contemporains à exercer le pouvoir. Une femme est-elle légitime pour évoquer le pouvoir ? Une femme est légitime parce qu'une femme, faut-il le rappeler, est un être humain et puis, n'ai-je pas été deux fois Reine, duchesse et comtesse ?

Être une femme et porter la couronne m'avaient reléguée au rôle de reproduction : assurer la succession de mes souverains de maris. J'intervenais bien sûr dans les décisions mais dans l'intimité, jamais en public. Trouver des compromis, négocier, intriguer, influencer, batailler, l'exercice du pouvoir ne m'a jamais rebuté

Le hasard des évènements fit que je dus m'occuper de mon royaume et de mes terres quand mon fils Richard Cœur de Lion partit mener la troisième croisade puis, plus tard, quand il mourut des suites d'une blessure.

J'ai beaucoup voyagé à travers mon royaume sachant très vite qu'il faut être près de ses sujets pour prendre les décisions les plus justes. Ceux qui ont peur de leur peuple ou, pis, qui l'ignorent, peuvent s'attendre à des désillusions et à des insurrections légitimes. Votre démocratie n'a pas changé l'art de gouverner ; les gouvernants gouvernent les gouvernés. N'ayant pas été élue, ma responsabilité était dictée par ma morale, celle de vos dirigeants est bien plus grande puisqu'elle est donnée par le peuple. Il semble cependant que ni le peuple ni ceux qu'il a élu n'envisagent cette responsabilité dans l'exercice de leur pouvoir. J'ai toujours eu un grand souci de mes gens parce que c'était mon devoir de Reine. Je ne vois pas ce même souci chez ceux qui vous dirigent. Je constate avec tristesse qu'ils se préoccupent des intérêts des uns et des autres, qu'ils se soumettent à des injonctions qui diffèrent grandement de la volonté du peuple. L'art est subtil, il suffit de prétendre que le monde est complexe et qu'il n'est plus à la portée de la plèbe. Ce sont donc les experts de la complexité (artificiellement créée) qui gouvernent les peuples. A mon époque, ces experts étaient les prélats qui interprétaient la complexité divine pour garder le peuple à distance du mystère et ainsi faire régner l'ordre divin, autrement dit : leur ordre.

Alors que dans votre monde on pense que toutes les activités doivent être rentables comme vous dites, dans le mien, j'ai fait construire des hôpitaux pour accueillir la faiblesse de l'humanité. Je ne l'ai pas fait dans l'espoir de gagner le ciel mais bien dans l'idée qu'exercer le pouvoir c'est être utile à ceux dont on a la charge. Il m'est apparu que l'humanité n'était pas exclusivement composée d'humains bien portants mais que la fragilité était une composante de l'humanité et qu'il est du devoir de celles et ceux qui dirigent d'en avoir le souci. A la guerre, les blessés ne sont plus soldats ; dans mon royaume, un malade est toujours humain.

Pendant mes longs voyages, j'ai rendu les droits à ceux qui en avaient été privés, j'ai résolu des litiges, affranchi les bourgeois de leur devoir envers leur seigneur et libéré les villes du pouvoir des seigneurs. J'ai organisé les premières élections de maire à La

Rochelle : "*Nous concédons à tous les hommes de La Rochelle et à leurs héritiers, une commune jurée à La Rochelle afin qu'ils puissent mieux défendre et plus intégralement garder leurs propres droits, sauve notre fidélité, et nous voulons que leurs libres coutumes soient inviolablement observées et que, pour les maintenir et pour défendre leurs droits et les nôtres et ceux de nos héritiers, ils exercent et emploient la force et le pouvoir de leur commune quand ce sera nécessaire conte tout homme, sauve notre fidélité...*"

Voyez mes enfants : donnez de la liberté aux hommes pour qu'ils en fassent bon usage. J'ai ainsi libéré beaucoup de villes des jougs moyenâgeux, j'ai juste accordé ma confiance à l'intelligence. Je suis plus que surprise de constater que les peuples d'aujourd'hui sont infantilisés, les discours des dirigeants ne disent rien du réel mais parlent d'un réel auquel il convient de se soumettre au nom de cette argutie tout à fait incongrue quand on exerce le pouvoir : "il n'y a pas d'autres solutions." Je ne pensais pas que l'invocation d'un tel argument fut possible. Exercer le pouvoir c'est créer des choix, proposer des alternatives même s'il faut se battre pour cela. Combien de combats j'ai dû mener pour toujours préserver mes choix et donc ma liberté et celle de mes royaumes ! Il ne m'est jamais venu à l'idée de me soumettre à la force du destin ou des événements quand bien même il eût fallu affronter le monde et j'ai dû l'affronter. Je n'ai pas eu plus de courage que d'autres mais ma responsabilité était grande puisque mon pouvoir était grand ; je l'ai voulu ainsi.

Vous allez penser que je suis arrogante ou que je manque de modestie ; ce qui ne m'a jamais manqué c'est l'humilité et si cela m'est arrivé quelquefois, bien mal m'en prit. Exercer le pouvoir en effet est l'art de savoir quelle place on occupe dans le monde et de s'en montrer digne. La principale qualité est, il me semble, de savoir regarder le monde avec les yeux des autres, son propre regard étant bien trop limité. Ainsi quand il fallait négocier des alliances pour éviter les guerres, comprendre les situations à travers le regard de mes adversaires m'aidait à mieux voir et à agir avec justesse. J'ai su éviter un grand nombre de conflits quand je comprenais les positions de mon ennemi.

Je ne veux pas donner de leçons à vos dirigeants mais simplement leur rappeler que rien ne doit les détourner du bien qu'ils doivent à leur peuple, et vous peuple, sachez-le leur dire. Aucune force, aussi puissante soit-elle ne peut contrarier la volonté d'un peuple ; en France vous en avez fait la démonstration plus de cinq siècles après que j'ai rejoint le royaume de Dieu.

Ma vie fut en ses débuts frivoles et à sa fin plutôt grave. Je détenais l'un des plus grands pouvoir sur terre. Il m'a fallu du temps pour appréhender l'immense tâche que le destin m'avait confiée. Tempérance, fermeté, discernement, volonté ont été des qualités que j'ai su apprendre et déployer mais ce qui n'a jamais manqué c'est l'amour pour mes sujets, leur humanité était équivalente à la mienne. Dans leur regard il y avait ce que je trouvais dans le mien, sur leur visage le temps marquait son passage comme sur le mien, leurs larmes étaient les miennes.

Mes enfants qui détenez le pouvoir, défaites-vous de ses attributs inutiles et revêtez l'habit taillé par l'humilité et la grand responsabilité qui vous échoit. Mes enfants qui subissez le pouvoir, exigez de celles et ceux à qui vous l'avez donné de l'utiliser avec soin pour le bien de tous.

Je vous transmets toute ma tendresse de mère et mon souci de Reine.

Aliénor

Olympe de Gouges (1748 – 1793)

A vous, vous qui êtes mortes assassinées après moi, mes sœurs d'infortune, je veux dire ces quelques mots.

Imaginez-moi dans cette prison de la révolution. La Convention a décrété la Terreur, et je vais écrire une dernière fois, moi qui suis l'auteur de la Déclaration des droits de la femme et de la citoyenne ; je tiens à vous en faire connaître au moins le préambule :

Les mères, les filles, les sœurs, représentantes de la nation, demandent d'être constituées en assemblée nationale. Considérant que l'ignorance, l'oubli ou le mépris des droits de la femme, sont les seules causes des malheurs publics et de la corruption des gouvernements, ont résolu d'exposer dans une déclaration solennelle, les droits naturels inaliénables et sacrés de la femme, afin que cette déclaration, constamment présente à tous les membres du corps social, leur rappelle sans cesse leurs devoirs, afin que les actes du pouvoir des femmes, et ceux du pouvoir des hommes pouvant être à chaque instant comparés avec le but de toute institution politique, en soient plus respectés, afin que les réclamations des citoyennes, fondées désormais sur des principes simples et incontestables, tournent toujours au maintien de la constitution, des bonnes mœurs, et au bonheur de tous. En conséquence, le sexe supérieur en beauté comme en courage, dans les souffrances maternelles, reconnaît et déclare, en présence et sous les auspices de l'Être suprême, les Droits suivants de la Femme et de la Citoyenne.

S'ensuivent dix-sept articles où je déclare que les femmes doivent contribuer à la vie de la nation comme citoyennes à part entière, Article X : " *Nul ne doit être inquiété pour ses opinions mêmes fondamentales, la femme a le droit de monter sur l'échafaud ; elle doit avoir également celui de monter à la Tribune ; pourvu que ses manifestations ne troublent pas l'ordre public établi par la Loi.* "

Je fus une femme militante, une révolutionnaire mais j'ai toujours craint les fanatiques et particulièrement ceux de la liberté, prompts, en son nom, à ôter la vie à autrui. J'ai écrit des lettres à ceux, qui pour nous libérer, nous opprimaient ; à Robespierre : " *Tu seras éternellement l'opprobre et l'exécration... Ton souffle empeste l'air pur que nous respirons, chacun de tes cheveux porte un crime.* ", à Marat et Robespierre : " *Qu'étiez-vous alors Marat, Robespierre ? Des insectes, croupissant dans le bourbier de la corruption. J'étais déjà un grand homme que vous n'étiez encore que de vils esclaves !* "

Dans ces moments tumultueux, il faut crier pour être entendu, je veux dire : utiliser des mots criards quand l'odeur du sang oblitère l'ouïe et trouble la raison.

En réponse à mes écrits, Les Jacobins ont invité les femmes " *à cultiver la vertu du silence de leur sexe, sous le voile de la modestie et de la retraite. C'est n'est pas aux femmes de montrer le chemin aux hommes.* "

Voyez, chères sœurs, comme Paul de Tarse, évoqué par Hypatie, sévissait encore à la révolution ; peut-on parler de révolution ? Ces hommes voulaient s'affranchir des pouvoirs atemporels et transcendants en confiant le sort des femmes à ces mêmes pouvoirs.

Je dénonce ici l'essentialisme, Selon l'essentialisme, la femme est de nature froide, pécheresse depuis Eve, et soumise à l'homme depuis les Livres. Or, notre nature n'est pas définitivement fixée. C'est pourquoi la femme est d'abord un être humain indifférencié parmi les autres êtres humains. Si les archaïsmes les ont consignées à la domesticité au nom d'une essentialité absolue il n'y a plus d'excuses dans ce siècle révolutionnaire pour que les archaïsmes perdurent. Nous sommes, femmes et hommes, des êtres existentiels, pétris par les circonstances. Ce sont nos vies qui bâtissent notre essence, ce sont les circonstances qui définissent ce que nous sommes. Il n'y a donc rien d'essentiel ni dans nos sexes, ni dans nos corps, ni dans nos cœurs, seulement les marques de l'existence. Il convient dorénavant de s'attacher à se libérer des croyances antiques, de reconsidérer le sexe à l'aune de ce qu'il devient et non de ce que nous pensons qu'il est. Bien sûr, ce sont les femmes qui portent la descendance, cette différence physiologique ne peut être un prétexte pour bafouer les droits humains. La différence ne peut se traduite par une inégalité des droits.

Je réclame pour les femmes le droit à l'intelligence, je réclame le droit à une humanité équivalente, je réclame la révolution des considérations, je réclame au tribunal de la raison de trancher la tête du machisme.

Je réclame l'instauration du divorce, du mariage laïque, la libre recherche de la paternité et la reconnaissance des enfants nés hors mariage, la création de maternités… j'ai eu le grand tort de réclamer auprès des hommes ; ils ont réclamé ma tête.

Je veux m'adresser aux femmes. Chères sœurs, vous vous êtes rangées à l'avis des hommes quitte à encourager votre aliénation au nom d'une conformité mâle dont vous vous faites complices. En ce début du XXIème siècle, vous pensez qu'un retour aux valeurs d'antan peut être d'un grand secours. Les valeurs vous ont mené là où vous êtes, il est inutile de parcourir un chemin déjà parcouru. La révolution ne fut qu'une érection, certes salutaire, mais grandement incomplète : les femmes en furent exclues. Il vous faudra reprendre le flambeau qui tomba dans le panier avec ma tête. Mon ardeur ne s'est pas éteinte avec ma mort, elle est en vous pour peu que vous osiez !

Je vous lègue mes chères sœurs, une force dont la nature m'avait dotée et que j'ai mise au service de notre cause. On me reprochât d'être impétueuse, on me signifiât mon manque de prudence, on me mit en garde contre mon enthousiasme ; certes j'eusse fait l'économie de ma tête, pouvais-je faire l'économie de la liberté ?. Nous savons que les pouvoirs nous paraissent grands parce qu'ils sont debout alors que nous sommes à genoux. Si vous avez encore une tête, relevez-la !

Les injustices vous poursuivent, mes sœurs, en ce siècle dit moderne et j'entends vos douleurs sous les pierres qui vous lapident, sous les couteaux qui vous excisent, sous les coups qui vous tuent sous les voiles qu'on vous force à porter, derrière les refus qui vous sont opposés dans les hôpitaux quand vous venez "quémander" un avortement. Comment votre civilisation peut-elle encore perpétuer cette sauvagerie que je pensais d'un autre âge ? Je n'entends pas vos révoltes comme si un bâillon que je ne distingue pas étouffait vos revendications. Ce que l'on fait à une femme dans ce monde ne peut vous laisser insensibles ou vous laisser sans voix. Si on m'a ôté la vie, vous avez toujours la vôtre ; qu'elle ne se réduise pas au silence !

Je vous serre dans mes bras pour vous dire combien je vous aime.
Olympe

Mary Wollstonecraft (1759 – 1797)

Chers enfants,

Je suis très honorée de prendre la plume à la suite d'Olympe qui m'était contemporaine. Je ne l'ai pas connue et je le regrette fort.

Nous avons en effet mené le même combat. Le mien se livra en Angleterre. Mes parents, sans l'avoir voulu, m'y préparèrent. Mon père était un être tyrannique et violent. Il fit subir à ma mère les pires humiliations et de graves sévices auxquels j'ai assisté, impuissante. J'ai bien essayé de m'interposer parfois au risque à mon tour de subir le sort de ma mère. Mon père, cette brute, n'avait aucune considération pour les femmes, tout juste bonnes à s'occuper de ses repas et de son linge. Il envoya mon frère poursuivre des études et me refusa une quelconque instruction. J'ai eu juste le droit d'apprendre à lire et à écrire, sans doute y voyait-il une occasion de lui rendre service. Je nourris, dès l'enfance, une grande révolte contre cette domination masculine puis, j'ai tenté d'en comprendre les raisons pour que plus jamais une femme ne subisse ce qu'endura ma mère.

En premier lieu, je vois pour cause de cette injustice, l'enracinement culturel profond du préjugé. Enracinement justifié par des discours d'apparence raisonnable et qui n'en sont pas moins un préjugé. Ce préjugé s'énonce ainsi : la nature s'organise autour de rapports de force qui règlent la relation humaine entre dominants et dominés. Il y a donc par nature des êtres qui dominent et d'autres qui se soumettent. Qui oserait dire que la nature est mal faite ? Si les femmes sont des êtres soumis c'est qu'elles suivent en cela leur inclination naturelle. On a dit la même chose des esclaves, argument commode pour les maintenir dans leur servilité. De la même façon, les rois maintiennent leur pouvoir en arguant qu'il est naturel et, le naturel étant d'origine divine, c'est donc la volonté de Dieu qui s'exprime ainsi ; habile argutie.

Vous dans votre temps, comme moi dans le mien, nous constatons combien ce pouvoir absolu, ou, pour le dire à la façon de votre siècle, ce pouvoir démocratiquement absolu est corrompu et ne montre aucune vertu chez ceux qui l'exercent. Est-ce à dire que la nature est mal faite ? Je tiens pour vrai que toute posture de soumission est contraire à la nature de l'Homme et n'est pas un digne de civilisation mais de barbarie. Si donc la soumission est contraire à la nature de l'Homme, la soumission des femmes est contraire à leur nature.

Ce préjugé est à l'œuvre dans l'éducation des femmes de mon époque. Puisqu'elles sont réputées faibles, douces, dociles et puériles, il faut donc leur apprendre la faiblesse, la douceur, la docilité et la puérilité et, ainsi, elles apprendront à réclamer la protection de l'homme. Cette éducation est une insulte, il ne s'agit plus d'éducation mais de domestication. N'a-t-on entendu que nous devions user de la douceur, qualité réputée de notre sexe, pour finalement réellement gouverner l'homme ?

Nous n'avons pas été éduquées comme des êtres humains. Notre intelligence n'a pas été sollicitée et développée pour apprendre à penser par nous-mêmes, c'est-à-dire, apprendre à être des êtres libres. Nous avons donc appris à mener une vie de femmes et non à devenir des humaines à part entière. L'éducation que nous avons reçue a fait de nous des femmes accomplies ; accomplies pour qui ? En retrait du monde de l'esprit, nous avons accompli les tâches qui nous étaient dédiées avec les qualités apprises, douceur, tempérance, patience, longanimité qui n'ont eu en retour que condescendance dissimulant un certain mépris. Interrogez votre époque et observez ce qu'il en est. N'est-elle pas proche parfois de ce je viens de décrire ?

Il convient de se débarrasser d'un autre préjugé : la femme est issue de l'homme selon le Livre, elle n'est donc qu'une partie et ne peut être considérée comme un tout autonome. Nous sommes donc des êtres décoratifs dans le décor des grandes aventures humaines conduites exclusivement pas les hommes. Ainsi, les devoirs féminins ne sont pas équivalents à ceux des hommes. Tirées d'une côte masculine, nous sommes devenues des fonctions supplétives à des fins de reproduction et d'élevage. Il n'est aucunement un devoir de céder à un désir de reproduction qui n'est pas le sien au nom d'une conformité héritée d'une métaphore. Nous ne dépendons en rien de la chair de l'homme et pas davantage de ses pulsions reproductrices.

Mesdames, je vous enjoins de ne plus vous soumettre qu'à votre raison. Ce qui est en jeu est la liberté et pas seulement la vôtre mais bien celle du monde. Tant que vous serez opprimées, les oppressions en général perdureront. Tant que vous vous soumettrez aux préjugés, le monde y sera soumis. Votre tâche n'est pas mince ; elle est la possibilité d'une civilisation où la vertu sera aux commandes du destin des peuples.

J'ai dit à mes contemporains que si les distinctions sont fondées quand il s'agit de physiologie elles sont ineptes quand elles prétendent décrire des différences de nature, de sentiments, de comportements ou d'émotions. Rien ne serait réservé à l'homme et pas davantage à la femme. Votre époque a montré cela scientifiquement et pourtant femmes, vous êtes encore sujettes à bien des différenciations toutes issues de croyances et de préjugés. Je vous conseille d'être vous-mêmes dans cette époque qui a vu beaucoup de victoires remportées sur l'obscurantisme. Il vous reste maintenant à édifier des organisations sociales basées sur la vertu qui ne soient ni féminines ni masculines mais humaines. Ainsi disparaîtront les systèmes oppressifs, les hiérarchies du pouvoir et l'aliénation des intelligences. Si je vous dis cela chères amies, c'est que l'homme seul n'a pas su s'extraire du rapport de force. Il convient avec lui de bâtir une façon d'être au monde jamais imaginée parce qu'asexuée.

J'ai vécu en un siècle riche en pensées et j'ai eu la chance d'y être reconnue. Ma voix a pu porter jusque vers vous et je veux en remercier mon époux William Godwin qui fut à mes côtés. J'avais écrit à mon ami Johnson : " *Tant que je vivrai, j'en suis convaincue, il me faudra exercer mon intelligence pour obtenir mon indépendance et me rendre utile.* "

A ma suite, chères amies, exercez votre intelligence et soyez indépendantes et utiles.

Fraternellement,
Mary

Germaine de Staël (1766 – 1817)

Chers enfants si loin de mon temps et si proches dans mon cœur,

Je suis très honorée de prendre la suite de mes sœurs pour témoigner de ce que j'ai vécu et expérimenté. J'ai été en effet une femme de la révolution et une femme résistant au despotisme.

J'ai vu cet immense espoir se lever du peuple, j'ai ressenti un grand enthousiasme et ai encouragé ce mouvement de libération qui m'apparaissait comme légitime. J'y ai vu comme une possibilité de civilisation et de paix. J'avais toutefois sous-estimé une des causes du malheur qui n'a pas tardé à se manifester, à savoir, l'ignorance. Elle s'est exprimée de la façon la plus violente qui soit : par le sang. Changer d'époque n'a pas suffi, il fallait éradiquer les traces de la précédente. Qu'est une idée qui a peur de celle à laquelle elle se substitue ? Il fallait beaucoup d'ignorance pour tenter d'effacer l'histoire et son héritage.

Des despotes peu éclairés s'emparèrent du pouvoir naissant et ils firent régner, au nom du peuple, l'oppression et la barbarie. La révolution prenait un mauvais tour. J'ai fait paraître une lettre pour défendre Marie-Antoinette et la sauver de l'échafaud. De quoi cette femme pouvait-elle être coupable qui méritât qu'on verse son sang ? J'ai vu ici tous les dangers de l'ignorance qui défait la raison ; privée d'arguments et de sagesse, elle réclame du sang comme seul aboutissement possible. Ce n'est plus la pensée qui s'exprime mais la passion et la révolution en voulant anéantir ses " ennemis ", s'anéantit elle-même.

J'avais fondé de grands espoirs dans la République et me suis engagée pour qu'elle se fonde et qu'elle se pacifie. J'ai tenté dans cette folie de sauver de la mort ou de l'exil tous ceux qui étaient innocents, souvent en vain hélas. Voyez, chers enfants, notre République s'est fondée sur la mort et l'exil, deux formes de rejet qui ne permet rien de durable. Elle en porte encore quelques stigmates dans votre époque. Rien ne se construit sur l'exclusion, une république endogame est vouée à l'échec.

Il me semblait loin le temps où les Hommes avaient décidé de se gouverner par eux-mêmes, délaissant le pouvoir des transcendances, reconduisant le sacré au cœur des temples, répondant à l'inégalité de la naissance par le droit. La fraternité fut tranchée par la guillotine, l'égalité bafouée par le tribunal révolutionnaire et la liberté noyée au fond de la Loire. L'inculture ne sait pas faire preuve de modération et de tempérance dans les temps de grand bouleversement. Toute sorte d'hommes vils s'empare des mots et de leur pouvoir pour condamner à mort les idées et ceux qui les portent. Vous savez, chers enfants, de quoi je parle ; votre époque est le théâtre de grands bouleversements et l'ignorance réapparaît, voilée ou cravatée, elle guette la faiblesse de la République pour y jeter le malheur.

Je vous ai dit que j'ai été résistante mais comment ne pas l'être quand un militaire prend le pouvoir et fait régner à nouveau l'oppression ?

Pour me discréditer, j'ai subi ce que toutes les femmes subissent encore : accusation de mener une vie de débauche, d'avoir plusieurs amants, de faire partie de mouvements féministes. Nous, femmes, ne sommes que des objets sexuels et bien sûr les injures sont de nature sexuelle. Eve nous l'a rappelé, nous sommes pécheresses.

Mes idées républicaines ne plurent pas au futur empereur et ses affidés se chargèrent de m'exclure de mon pays. Je dus m'exiler, mes livres furent interdits. J'ai vu les libertés se restreindre, le divorce fut à nouveau interdit et tous les droits que les femmes avaient acquis ont été supprimés.

Nous pensions avoir relégué le despotisme aux oubliettes de l'histoire et voilà qu'il renaît sur les cendres d'une révolution avortée. Le sang ne conduit qu'aux armes et la haine nous mène à l'oppression. Votre époque est troublée pour ce que j'en sais. Ne vous laissez pas, mes enfants, emporter par les idées qui véhiculent la haine, l'exclusion, l'ostracisme. Nous ne nous définissons pas par ceux que nous rejetons par ce que nous sommes ; l'inclusion nous construit, l'exclusion nous détruit. Il faudra, comme je l'ai fait, résister à l'oppression qui avance et brise insensiblement votre République. Pour affronter ces périls, mettez fin à vos affrontements partisans, rien ne vous sépare plus que les frontières que vous mettez entre vous et l'autre. Si votre parti est pris, perdez-le. Le parti n'est pas humain, c'est une machine militaire de conquête, avide de pouvoir et, comme toute armée, y règne la discipline ; la liberté en est absente. Pensez-vous qu'un parti qui interdit la liberté puisse la donner une fois le pouvoir conquis ? Vous savez, par expérience, que non. Constatez, mes enfants, vos lois ; elles sont liberticides, elles ne sont plus celles du peuple mais celles d'une aristocratie d'experts ignares et de prélats haineux.

Résistez mes enfants au nom de votre liberté à celles et ceux qui voudraient vous en priver. N'acceptez pas le retour de la transcendance pour régler vos vies et conduire vos destins à votre place. N'autorisez plus qu'une majorité impose sa volonté à une minorité, ce n'est alors que violence. Quel risque prendriez-vous à résister sinon celui d'éviter le malheur ?

Dans notre beau pays qu'est la France j'ai vu le sang couler quand les passions l'emportèrent sur la raison. J'ai entendu la haine animer les discours quand il faut désigner des victimes sacrificielles. J'ai vu les despotes s'approprier le pouvoir quand le peuple l'avait laissé à l'abandon de la déraison. Je vois aujourd'hui les mêmes causes et je crains pour vous les mêmes effets. Je vous invite à être vigilants ; nous sommes toujours surpris par la soudaineté des malheurs alors qu'ils s'étaient déjà fait annoncer.

Notre révolution est inachevée, elle n'est pas mort-née. Il faut la relever là où les Hommes de bien l'ont laissé. Quelques siècles nous séparent mais les idéaux restent les mêmes si nous manifestons de la considération pour le sort des peuples qui n'est jamais étranger à notre propre sort.

J'ai une pensée particulière pour les femmes car je sais qu'au moment où les oppressions s'abattent sur les peuples, les femmes sont les plus frappées. Quand je revendiquai en leur nom un droit au bonheur, je ne parlai bien sûr pas d'une loi décrétant le bonheur, mais d'une loi les dégageant de leur condition aliénante. Le bonheur n'est pas un droit mais les conditions du bonheur sont le fait de la loi : " *Je reviens à vous, femmes immolées toutes dans une mère si tendre, immolées toutes par l'attentat qui serait commis sur la faiblesse, par l'anéantissement de la pitié; c'en est fait de votre empire si la férocité règne, c'en est fait de votre destinée si vos pleurs coulent en*

vain. " Extrait de " Réflexions sur le procès de
la Reine "

Mes chers enfants, je vous vois dans ce siècle
et vous sens si proches. Ayez une pensée pour
moi quand des périls vous menaceront.

Je vous embrasse avec affection.

Germaine

Flora Tristan (1803 – 1844)

"*Oui, nous nous unirons pour préserver nos filles*
De vendre leur honneur pour apaiser leur faim
Pour qu'un rayon d'espoir brille sur nos familles
Pour que nos vieillards aient du pain."

Ce poème fut lu sur ma tombe par un ouvrier qui l'avait rédigé à mon intention. J'aurais été touchée si j'avais été encore vivante. Les ouvriers m'ont toujours exprimé leur gratitude pour ce que j'avais fait pour eux.

Germaine a assisté à une révolution, j'avais le projet d'en fomenter une autre. La précédente n'était pas achevée ; la propriété avait certes changé de mains mais pour le malheur des mêmes. Mes voyages en Angleterre m'ont fait prendre conscience du sort que les propriétaires d'industries infligeaient à la classe ouvrière. Les enfants travaillaient dès l'âge de six ans dans des conditions effroyables, les femmes étaient affectées aux tâches que les hommes refusaient de faire, les toutes jeunes filles se prostituaient pour survivre, les hommes mouraient tôt tant les conditions dans lesquels ils travaillaient étaient indignes ; comment se taire ? Quand les crises secouaient les industries, c'est pas milliers qu'hommes, femmes et enfants étaient jetés à la rue. Comment se taire ?

J'ai vu la même chose en France ; ce mal se répand.

Quand un nombre restreint de personnes asservit l'humanité au nom de leurs seuls intérêts je dis que la révolution est inévitable.

Pourquoi les ouvriers ne refusent-ils pas la condition qui leur est faite ? Telle est la question première à laquelle j'ai voulu répondre. Tous savent les douleurs et les souffrances du monde ouvrier, tous entendent les discours prononcés sur cette situation, beaucoup s'en disent affectés et pourtant depuis des années rien n'est fait pour améliorer le sort de l'ouvrier. La démocratie semble incapable de gouverner par le peuple et pour le peuple, délaissant une partie de celui-ci aux affres de la misère.

Les lois des Hommes ont été remplacées par les lois du profit. Si vous êtes en bonne santé, vous n'avez pas de travail, si vous êtes malades vous ne pouvez vous faire soigner et finalement, réduits à mendier, vous êtes pourchassés. Je ne parle pas d'une société antique ou préhistorique, je vous parle de ce monde dans lequel j'ai passé ma courte vie et du vôtre, je le crains.

Le mal ou la cause de tous les maux est la misère, qui, quand elle se perpétue donne naissance à l'ignorance et à l'acceptation de sa condition. Si l'ouvrier refuse la misère, il détruit la cause de son ignorance et gagne ainsi sa liberté, liberté de penser, liberté de juger, liberté d'agir. Il saura alors que l'aumône ne l'affranchira pas de la misère, que les organisations charitables, si elles sont utiles, ne le libèreront pas de l'asservissement.

Que faut-il faire pour que la condition de l'ouvrier ne soit plus la même au XXIème siècle ? Je propose que les ouvriers s'unissent en oubliant ce qui les différencie pour que réunis, ils décident de leur destin. Qu'ils ne remettent plus leur pouvoir à d'autres qu'à eux-mêmes !

La première mission d'une telle organisation est de mettre en œuvre un programme d'éducation pour les enfants. Je l'ai dit plus haut, c'est par l'éducation que la classe ouvrière se libérera.

Mais il faudra réformer le droit. En effet, les droits de l'Homme ont omis un droit qui donne naissance à tous les autres : le droit de vivre. Pensez-vous que celui qui ne possède que ses bras pour vivre bénéficie d'un quelconque droit ? Quand je me promène dans Paris et que je vois tous ces gens qui ramassent à terre les fruits et légumes laissés par les marchands, je me demande quel droit les protège ? Imaginons que le droit de vivre soit voté, assisterions-nous encore à ces scènes ?

La seule revendication que les ouvriers unis doivent exprimer avec la force de leur nombre c'est le droit de vivre et donc le droit à travailler. Le travail leur appartient parce que les ouvriers le font avec leur bras et que leurs bras leur appartiennent. Ainsi, ils sont à même d'organiser le travail et c'est un droit qu'ils puissent le faire. Comment d'ailleurs confier à ceux qui n'ont pas l'expérience du travail la charge de l'organiser sans que cela soit inefficace et injuste ?

Impossible dites-vous ? N'écoutez pas la propagande de la classe bourgeoise qui vous l'a fait croire ; en acceptant cette idée, vous subissez l'aliénation sans même imaginer que ce sort n'est pas scellé. L'union des ouvriers pèsera dans la nation et vous franchirez ainsi les barrières de l'impossible.

Il reste à traiter un point qui me semble crucial pour toute tentative de libération ; je veux parler des femmes. La femme est hors la loi, soumise à l'autorité de l'homme et ceci depuis des millénaires ; la moitié de l'humanité est ignorée et bafouée. Que vaut un mouvement de libération sans libération de la femme ? Quand je parle de prolétaires, j'évoque les hommes qui sont aliénés et les femmes qui le sont deux fois. Que serait l'ouvrier sans sa femme ? Sans celle qui apprend à vivre à ses enfants ? Le malheur serait bien plus grand pour lui. Dans ce vaste mouvement de libération auquel j'aspire et je vous convie, la femme a une place prépondérante, Les ouvriers ne reprendront pas leur place dans la société si en leur sein la femme n'a pas la sienne à équivalence de droit. Voyez ce que le monde est devenu sans les femmes, voyez comme vous vous en plaignez. N'avez-vous jamais pensé qu'il eût pu être autrement si les femmes avaient été considérées comme des êtres à part entière ?

Le monde ne peut continuer ainsi et le mouvement des ouvriers unis doit être exemplaire ; ceci est une révolution. Ouvriers, désormais, les femmes sont vos associées. *"Nous, prolétaires français, après cinquante-trois ans d'expérience, nous reconnaissons être dument éclairés et convaincus que l'oubli et le mépris qu'on a fait dès droits naturels de la femme sont les seules causes des malheurs du monde, et nous avons résolu d'exposer dans une déclaration solennelle inscrite dans notre charte, ses droits sacrés et inaliénables. Nous voulons que les femmes soient instruites de notre déclaration-, afin qu'elles ne se laissent plus opprimer et avilir par l'injustice et la tyrannie de l'homme et que les hommes respectent dans les femmes leurs mères, la liberté et' l'égalité dont ils jouissent eux-mêmes."*

Je vous ai écrit de mon temps pour votre temps. Les combats de ma vie, s'ils m'ont tuée, sont restés vivants dans mes mots que je soumets à votre lecture espérant que vous y trouverez l'envie et l'enthousiasme de changer le monde pour en faire un lieu de paix et d'amour.

Bien à vous toutes et tous.

Flora

Louise Michel (1830 - 1905)

"*Puisqu'il me semble que tout cœur qui bat pour la liberté n'a droit qu'à un peu de plomb, j'en réclame ma part, moi !*" Voilà ce que j'ai dit au tribunal qui me jugeait en 1871.

L'éducation des enfants m'a passionnée. J'ai, quand cela était possible, enseigné aux enfants considérant que l'avenir de nos sociétés en dépendait. Garçons et filles à égalité, j'ai tenté d'enseigner la liberté de pensée et la culture nécessaire à cette liberté. Mais je me suis retrouvée prise dans le tourbillon de ces années soixante dix où j'ai senti que la liberté pouvait se conquérir. Il m'avait semblé qu'un vieux monde périssait et qu'il fallait en élever un neuf. Nous fumes massacrés pour avoir osé la liberté ; les pauvres sont restés pauvres et asservis, d'autres ont trouvé la liberté dans la mort et le Capital a survécu plus arrogant que jamais. Il peut continuer à se déchaîner contre les peuples, mettant en prison les uns, faisant des promesses vaines aux autres. Ce que j'ai appris, je vous invite à bien le comprendre ; le Capital n'a pas d'arguments pour justifier sa légitimé sinon celui des armes. Ce qu'il ignore, c'est qu'on ne met pas une idée en prison.

Si j'ai employé toute mon énergie à instaurer la Commune, c'est que j'y voyais une expérience inédite d'un peuple qui se gouverne par lui-même : "*Citoyens, vous venez de nous donner des institutions qui défient toutes les tentatives; Vous êtes maîtres de vos destinées...*" Extrait de la déclaration de Commune le 28 mars 1871. Parmi les décrets immédiatement promulgués, l'un autorisait les femmes à demander le divorce et à exiger une pension alimentaire. Flora Tristan aurait été satisfaite, elle qui a combattu son mari devant la justice pendant des années.

Ces instants de liberté durèrent trop peu et ces deux mois m'ont imprégné du sang de mes camarades mais aussi d'une certitude dans la possibilité d'un monde nouveau. Le Capital est fragile et ne repose sur rien. Tous ses détenteurs seraient bien en peine s'ils ne trouvaient pas de bras pour le faire fructifier. Que peut le propriétaire d'une mine si aucun mineur ne veut extraire le minerai ? Le rapport de force est en faveur du prolétariat qui ne le sait pas.

Nous avons créé des coopératives ouvrières où les travailleurs ont organisé la production sans qu'un propriétaire ne leur dise quoi faire. Nous avons supprimé le travail de nuit sans pour autant que les biens viennent à manquer. Nous avons instauré l'égalité des salaires entre les hommes et femmes. Nous avons affirmé que dans un pays libre la presse devait être libre et nous avons laissé paraître les journaux qui s'opposaient à la Commune.. Nous avons fait en deux mois ce que la République n'a pas su faire en un siècle. Quand je vois où vous en êtes, le mur des Fédérés saigne à nouveau et crie la douleur de celles et ceux qui ont ouvert la voie avec leur corps. Ce mur, vous en avez fait un monument historique pour mieux le reléguer dans les poubelles de votre histoire, oubliant que le monument sert la mémoire.

Notre révolte était-elle légitime ? L'article II de la Déclaration des Droits de l'Homme et du Citoyen de 1789 donne le droit à tout citoyen de résister à l'oppression. Qu'avons-nous fait d'autre que d'exercer ce droit ? Il en coûta la vie aux femmes qui défendaient les barricades, aux hommes qui sont montés à la charge et aux enfants qui ont été froidement fusillés comme s'il fallait que la Commune n'ait pas de descendance. Mais l'idée est restée ; bien qu'oubliée, elle flotte comme le drapeau noir du deuil. Viendra le jour où l'oppression sera à nouveau ressentie comme intolérable et vous vous souviendrez de nous. Je crains que pour l'instant, votre amnésie n'occulte toute idée d'émancipation croyant par désespoir aux belles paroles de ceux qui vous gouvernent : *"Toute chose à laquelle on ne croit plus est morte."*

L'ordre et le malheur règnent en France, les libertés sont rognées loi après loi, les riches s'enrichissent et les pauvres s'appauvrissent sans que la voix du peuple ne se fasse entendre. Le poids du capital et de ses organisations pèsent au point de broyer les petites gens avec cette petite satisfaction de croire que chacun est moins broyé que d'autres et que ce petit avantage vaut d'être préserver. Votre siècle et celui d'avant ont imaginé toute sorte de machines pour remplacer le travail de l'Homme. On aurait pu penser que le travail serait moins nécessaire. C'est ignorer la ruse du Capital : la surproduction. Il faut que le peuple dépende du travail sinon il aurait du temps pour s'instruire et risquerait de prendre conscience de sa condition. Ne vous laissez pas prendre votre temps. Celui qui achète votre temps est votre maître.

Le Capital est un erreur de l'histoire comme d'autre avant lui, je veux parler de la religion. Il nous fallut du temps pour nous débarrasser de ce Dieu vengeur, violent et injuste. En faudra t-il donc autant pour laisser à nos enfants un monde sans croyance où le Capital et Dieu auront leur place dans le musée des souvenirs ? Nous avons fécondé le ventre de la terre avec une idée simple : aucun Homme ne peut posséder l'autre ; qu'il possède son temps, sa force de travail, son âme. sa pensée ou son corps. Il faut donc s'arranger entre hommes pour décider du destin commun. Comme Dieu et le Capital, il faudra reléguer le parlementarisme à la boutique des souvenirs en rappelant quel mal a été commis par les parlements. Je vois dans votre époque ce monde parasitaire, complice des puissants, soutien de l'oppression qui s'alimente de la sueur et du malheur du citoyen. Vous avez le nombre et le désir d'en finir avec cet échec que vous appelez démocratie qui n'en a que la parure. La misère a-t-elle disparu ? La faim ne vous hante-t-elle plus ? La peur du lendemain ne ronge-t-elle plus vos entrailles. Votre sort entres les mains des puissants ne provoque-t-il plus votre colère ? Qu'êtes-vous devenus sinon des êtres serviles, dressés au silence et au malheur ?

Vous m'avez connu fougueuse, je le suis restée par delà les ans qui ne m'atteignent pas. J'ai pris la parole et les armes, j'ai pansé des ventres ouverts, j'ai recueilli les derniers souffles révolutionnaires, j'ai exhorté au courage, j'ai invité à créer une ère radieuse. La mort n'a atteint ni l'énergie ni l'enthousiasme de ma vie. J'ai été emprisonnée et déportée mais j'ai été bien plus libre que ceux qui m'ont condamnée et que ceux qui m'ont gardée. J'ai pensé en toute liberté et déclaré cette liberté sans aucune crainte. Les tribunaux sont les esclaves de l'oppression, ils ne peuvent rien contre une pensée libre.

Le 22 janvier 1888,au Havre, un homme tenta de m'assassiner, il fut arrêté. J'ai gardé la balle dans ma tête jusqu'à la fin comme le souvenir d'une mort qui n'a pas voulu de moi. Voici ce que j'écrivis à son épouse : "*Apprenant votre désespoir, je désirerais vous rassurer. Soyez tranquille. Comme on ne peut admettre que votre mari ait agi avec discernement, il est par conséquent impossible qu'il ne vous soit rendu. Ni mes amis, ni les médecins, ni la presse de Paris, sans oublier celle du Havre, ne cesseront jusque-là, de réclamer sa mise en liberté.*

Et si cela tardait trop, je retournerais au Havre, et cette fois ma conférence n'aurait d'autre but que d'obtenir cette mesure de justice. Toute la ville y serait."

Je ne veux pas achever cette lettre sans prononcer les noms de toutes mes camarades communardes qui m'ont accompagné dans ce combat : Florence Baruteau, Alphonsine Blanchard, Léodile Campseix, Elisabeth Dmitrieff, Marguerite Guerrier, Nathalie Lemel, Joséphine Marguerite Marchais, Paule Mink, Eulalie Papavoine, Elisabteh Rétiffe, Léontine Suentens, toutes condamnées à mort, à la déportation, à la prison ou à l'exil.

Je vous serre dans mes bras pour que vous retrouviez ce qui a fait que notre vie à toutes fut si belle.

Louise

Gabrielle Petit (1860 - 1952)

"Exaltation du sentiment maternel avec retentissement sur l'appareil ovarique et réaction de celui-ci sur le cerveau pour en aggraver l'état de disharmonie." Pierre Grimanelli, philosophe, à propos de l'hystérie féminine - 1905.

Chères sœurs, j'ai vécu à la fin d'un siècle et au début d'un autre qui virent la femme reléguée à une sous-humanité impensable pour vous mais dont, ne vous leurrez pas, vous avez héritée. Selon Pierre Grimanelli, le cerveau de la femme est disharmonique, enseigner aux femmes se ferait alors en pure perte. Le Code Civil nous refusât l'accès à l'université.

Plus largement, le Code civil de 1804 fut une infamie, Imaginez mes sœurs que nous n'étions considérées que comme une propriété de l'homme. Je veux juste ici rappeler notre sort : l'incapacité juridique totale de la femme mariée qui passe de la tutelle de ses parents à celle de son mari. L'article 1124 du Code napoléon précise : " Les personnes privées de droits juridiques sont les mineurs, les femmes mariées, les criminels et les débiles mentaux." Nous voilà assimilées à des criminels, des mineurs ou des débiles mentaux. Et vous voudriez que nous nous soumettions à cette iniquité ? Et vous voudriez que nous fassions contre mauvaise fortune bon cœur ? Je vous passe l'obligation que nous avions de suivre nos maris, de ne pouvoir travailler sans leur autorisation, de nous soumettre au devoir conjugale niant la possibilité du viol entre époux. Et vous voudriez que nous n'en retirions aucune amertume ? Et vous voudriez vous réconcilier avec nous dans l'oubli des outrages que nous avons subies ? Ils sont dans notre chair, transmis de mère en fille, les ignorer c'est nous ignorer nous les femmes.

Sachez que l'enseignement qui nous était réservé avait pour finalité de faire de nous de bonnes mères et de bonnes épouses. "*Ce n'est pas vers le prétoire ou l'amphithéâtre que nous cherchons à orienter l'activité du grand nombre de nos élèves. Notre but est qu'elles deviennent plus tard des épouses dévouées, des mères attentives.*" Déclaration du président de la République Raymond Poincaré lors de l'inauguration d'un lycée de jeunes filles à Reims en 1914.

J'ai été une femme révoltée et j'ai eu quelques raisons de l'être. Quand je pense au métier d'infirmière que seule pouvait exercer les femmes au nom de "leur dévouement naturel", comment pensez-vous que nous devions réagir face à ces inepties , J'ai créé un journal, "La femme affranchie", parce qu'il s'agissait bien d'affranchissement au même titre que les esclaves. J'ai alors pu faire valoir la voix des "sans-droits", j'ai pu détruire par l'écrit cette oppression qui se dissimulait derrière les convenances.

Oui, j'ai appelé à la révolte, mais pas à celle du meurtre et du sang, mais une révolte des consciences, trouvant sa source dans la connaissance et le savoir afin de se libérer du préjugé et de l'opinion. Les conditions d'oppression que durent subir les femmes, si elles étaient d'ordre juridique, étaient également présentes dans le monde du travail où elles furent exploitées de manière éhontée. Encore fallait-il s'attaquer à la racine de toutes les oppressions : L'Etat, le Capital et la religion, une trinité néfaste, comme souvent les trinités.

En quelques années, j'ai donné plus de deux mille conférences dans toute la France invitant les femmes à prendre leur destin en main en se syndiquant. Il fallait pour toutes ses ouvrières que j'ai rencontrées mener un double combat : contre leur patron toujours prompt à conserver leurs avantages qu'ils pensaient acquis et contre leur mari auprès duquel elles devaient obtenir l'autorisation de rejoindre un syndicat. Il fallait donc pour nous, surmonter l'absence de droit pour devenir des citoyennes à part entière. J'avais l'énergie pour cela, j'avais l'écoute et le soutien de toutes mes congénères, ce fut l'œuvre de ma vie.

Je fus arrêtée et emprisonnée plusieurs fois. "*Mon crime à moi, je crois que je l'ai porté en naissant : c'est de ne pouvoir rester indifférente devant la souffrance, surtout celle des vieillards et des enfants, trop faibles pour se défendre.*" Les pouvoirs ont tous tenté de m'abattre sans qu'ils y réussissent. Je me suis retrouvée à la rue, expulsée de mon logement, sans le sou. Ils ne m'ont pas détruite, j'ai trouvé dans ces injustices toute l'énergie pour poursuivre mon combat au nom des mes semblables qui endurent bien plus. Je n'avais qu'une vie, elle ne pouvait s'achever sans que je finisse ce que j'avais commencé.

Je me suis attachée à vanter les mérites du savoir et de l'instruction. J'ai connu les maux engendrés par l'ignorance dont le principal est la soumission. Je veux ici mes sœurs vous dire combien la religion est un obscurantisme qui asservit l'individu. Instruisez-vous mes sœurs et vous saurez combien l'idée de Dieu est non seulement inepte mais encore sert le Capital qui obtient votre obéissance sans en faire directement la demande : "*Ô peuple, quand te lasseras-tu de voir ces comédiens te jouer la même farce en divers décors et venir te soutirer l'argent péniblement gagné par ton labeur pour entretenir leurs mensonges et leur paresse ? Quand secoueras-tu cette armée de parasites qui vivent de ta substance et te grignotent le cerveau ?*"

J'ai du me battre contre les églises qui refusaient l'ouverture d'écoles pour filles. L'Eglise nous enseigne la soumission des femmes. Je me souviens de cette phrase d'un évêque je crois : "*Si Dieu vous a créé petite violette, n'essayez pas d'imiter les arbrisseaux*" La plupart d'entre nous sont resté des petites violettes n'osant réclamé le statut d'arbrisseau, ignorant même que cette réclamation soit possible.

L'humanité se sauvera par l'éducation et cela vaut pour votre époque où votre enseignement produit des consommateurs : soumis aux injonctions publicitaires invitant à la prédation, acte primal qui ne s'embarrasse pas de savoir. Vous ployez sous les obscurantismes de votre nouvelle religion : l'économie qui épouse les mêmes arguties que celles des prélats que j'ai combattus. On vous demande soumission devant des pouvoirs qui vous dépassent et sacrifices sur l'autel de la croissance. Que faites-vous femmes devant ces obscurantismes qui reviennent à la charge pour dénier les droits que vous avez acquis. Quelle est cette apathie qui vous ronge ? Aurais-je lutter en votre nom en vain? Me laisserez-vous contempler ma vie en la rendant inutile ?

Je vous conjure mes sœurs de reprendre le fil de votre affranchissement avant qu'il ne se brise. J'ai une pensée affectueuse à toutes ces femmes de votre époque exploitées en toute légalité, me rappelant mes contemporaines, abattues par des horaires de travail insupportables, usées par des tâches subalternes, appauvries par des salaires indécents, jetées dehors au nom d'une conjoncture toute puissante décidée par le Capital. Rien ne semble avoir changé. Certes, vous pouvez choisir vos maîtres, vous avez en effet acquis le droit de vote mais ceux-ci n'en sont que plus légitimes.

Il vous faudra retrouver en vous la force des révoltées que nous fumes, l'envie de rompre avec l'accoutumance à la soumission et redresser les torts que vous subissez encore. Je ne vous donne qu'un conseil : instruisez-vous, le savoir est émancipateur.

Je vous embrasse avec toute mon affection.

Gabrielle

Caroline Rémy Séverine (1855-1929)

Chers amis de ce siècle proche du mien,

Je sens la difficulté qu'il y a à prendre la plume après toutes ces femmes et toutes ces vies de femmes.

Je le ferai pourtant en citant le début du préambule d'un de mes livres parus en 1896 : "*On a pris quatre hommes pleins de vie et de santé, on a jeté sur leurs épaules le suaire qui devait, quelques minutes plus tard, envelopper leurs membres tordus, cacher leur face convulsée et les yeux jaillissant hors de l'orbite pour les punir d'avoir vu trop loin et trop haut dans l'avenir de l'humanité ; et la langue jaillissant hors de la bouche, bâillon de chair violette scellant à jamais ces lèvres coupables d'avoir parlé de justice et de vérité.*" Ce début est, je vous l'accorde, quelque peu sombre, ambiance dominante de mon époque. Le discours de Louise et la Commune n'ont rien changé ; le bourgeois fait la loi.

On diminue le salaire des ouvrières au nom de la concurrence, on sacrifie leur santé et, quand ils en sont privés on les accule à la mendicité. On recrute des Belges et des Italiens afin de les payer moins cher. Le nombre de miséreux s'accroit et le socialisme d'Etat n'en a cure, trop éloigné qu'il est des mines pour entendre les cris.

La Révolution de 1789 a défait l'aristocratie qui, parfois, faisait preuve de noblesse, pour instaurer le régime vulgaire du bourgeois. Ce nouveau despote s'est libéré de toute idée de générosité, chosifiant le prolétaire pour en faire une chair à canon et des muscles à faire des canons. Combien de fils d'ouvriers sont morts pour que le fils de l'industrie puisse vivre. Les maîtres haïssent le peuple et élaborent des lois pour s'en défendre. Ces marchands n'ont qu'un projet politique : faire fructifier leur argent et rien ne vaut davantage, pas même la vie humaine. C'est ainsi que votre XXIème siècle n'a plus d'autres ambitions, n'a plus d'autres discours, n'a plus d'autres projets que l'argent. Vous êtes les fils de la révolution, que vous soyez chefs des fabriques, ou bien ouvrières et ou ouvriers dans celles-ci ; la république marchande déploie beaucoup d'intelligence à conserver ces héritages de classe.

"Les ouvriers sont très satisfaits de leur sort, ils ne se plaignent pas du tout... Si le partage n'est pas équitable, si les ouvriers ne se trouvent pas assez payés, ils sont le droit de grève? Qu'ils s'en servent !... N'est-il pas naturel que celui qui possède le capital soit mieux rétribué et ait plus de jouissance que l'ouvrier grossier et brutal qui n'apporte à l'œuvre que le concours intelligent de ses bras ?..." Paroles de M. Alphonse de Rothschild dans le *Figaro*. Relisez cette phrase prononcée par un de vos dirigeants politiques contemporains : *"Tu comprends, si on n'a que des gens qui se contentent de 5000 euros par mois, on n'aura que des minables."* Plus d'un siècle sépare ces mots et toujours la même morve.

Ce dédain vous fera sombrer vous et vos régimes parlementaires sous les flots de l'insurrection de la misère.

Les lois, le Droit, le Code ont été fait à la mesure du pouvoir des marchands, incluant les uns, excluant les autres. Les rouges de la honte fleurissent le revers des vestons des exploiteurs : la République affiche ses valeurs. Ils ne ressentent aucun honte à s'enrober du drapeau du peuple pour paraître hors de leur palais, arrogants et certains d'avoir soumis la piétaille. Vous aurez beau embaumer la réalité de mots démocratiques, vous n'effacerez pas les faits seuls à rendre compte de la réalité sociale. Nombre de gens sous votre coupe échappent à la misère par la mort qu'ils se donnent, par le larcin réclamé par le ventre, par l'aumône dernière insulte à leur humanité. On meurt de faim devant vos boutiques dégoulinantes de nourriture, on réclame justice avant que d'aller en prison... rien ne nous vous atteint, empêchés que vous êtes d'entendre par le bruit des chiffres.

Liberté, égalité, fraternité, mots qui gravent les frontons de mon époque comme ceux de la vôtre ont-ils jamais eu une réalité ?

Liberté pour ces miséreux jetés à la rue, qui tentent de s'abriter de la pluie et du froid et que la Police Républicaine vient chasser parce qu'ils ont eu le malheur de côtoyer les palais parisiens des ministres troublant ainsi les joies de leur petite famille et proposant à leur regard l'effet de la politique. Liberté indéniablement pour ceux qui disposent de la police pour éloigner les miséreux de leur regard.

Egalité entre des nantis du parlement, grassement payés pour prendre des postures comédiennes allant de l'indignation à l'approbation et finissant par voter les lois favorables à leur caste condamnant ces travailleurs de l'ombre à périr au fond de la mine ou finir malades avant que d'être vieux laissant derrière eux femmes éplorées et ventres affamés.

Fraternité alors que les rapaces rongent les moindres sous de leurs employés pour accumuler encore et encore du capital laissant le peuple s'enfoncer un peu plus dans le dénuement le plus total.

Et pendant ce temps là, la Chambre légifère, les élus parlent et parlent encore d'un monde qu'ils n'ont jamais connu ; élus, ils seront candidats ; candidats, ils seront élus. J'en viens à souhaiter que cette Chambre s'enfonce dans la terre, nous en ferons des jardins ouvriers et nous planterons la liberté, l'égalité et la fraternité.

Vous voilà, Socialistes, enfermés dans votre Chambre, avez-vous peur du peuple ? Pensez-vous qu'il soit moins éduqué que vous ? Pensez-vous que l'odeur de la sueur est insupportable pour vos délicates narines habituées aux effluves de cigares ? Ce qui empeste, chers parlementaires, ce sont votre vulgarité, votre verbiage, votre vanité, votre vacuité, vos velléités, vos vilénies, votre vernis, votre versatilité, votre vice, votre veulerie... tous ces mots pour vous dire qu'il vous manque la vertu.

Nous avons la raison, celle de la Nation que nous opposerons à votre raison d'Etat, nous avons la probité que nous vous imposerons. Notre honnêteté nous tient lieu de loi et vous pouvez en être effrayés. Rassurez-vous nous ne voulons pas devenir politiciens mais citoyens et ce sera sans vous.

Qu'en est-il de ce temps où j'ai vécu ? "*Les asiles de nuit regorgent, refusent du monde chaque soir ; l'Assistance publique, affolée par le chiffre des demandes, ne fait plus, abus à part, que des mécontents ; les hôpitaux manquent de lits ; quiconque est atteint de mal "chronique" doit crever sur le pavé ; les refuges de vieillards, les crèches, les maisons de retraites, les fourneaux économiques, les ouvroirs, en sont réduits à mendier à domicile, pour admettre quelques clients de plus, pour éviter la faillite parfois, quand ils sont l'œuvre d'initiatives plus vaillantes que fortunées.*"

Je fus journaliste et auteure et j'ai narré l'état de mon pays. J'ai écrit dans *Le Cri du Peuple* pour que le peuple ait un cri. Je voulais succéder à mes sœurs par ce cri. Il me semble, de ce que je connais de votre siècle qu'il faille

encore que le peuple se fasse entendre, de là
où je suis, je n'entends rien.

Je vous envoie mes fraternelles pensées.
Séverine

Alexandra David-Néel (1866 – 1969)

Très chères âmes,

"*Ce qui est né mourra,*
Ce qui a été rassemblé sera disposé,
Ce qui a été amassé sera épuisé,
Ce qui a été édifié s'effondrera
Et ce qui a été élevé sera abaissé."

Je commence cette lettre par cette citation du Bouddha dans le but d'amener un peu de paix après les combats que mes sœurs ont mené et certaines au prix de leur vie. Je voudrais apaiser ce tumulte et faire cesser la confusion qui règne dans nos esprits et qui cause toutes nos souffrances.

Vous le savez, je suis allée chercher loin et haut un sens à l'existence et j'y ai trouvé un art d'être au monde.

Je voudrais avant tout vous entretenir de notre peur de la mort, cette fin est inéluctable. Nous savons donc avec certitude que nous allons mourir. Avons-nous d'autres certitudes que celle-ci ? Difficile en effet puisque rien n'est permanent. Une des causes de notre souffrance est de considérer que les choses durent alors que la réalité nous montre tous les jours le contraire. Regardez les photos de votre jeunesse, vous y découvrirez ce que vous savez déjà : vous avez changé. Certaines personnes photographiées ont disparu, les paysages sont différents et une phrase peut vous venir à l'esprit : "je ne reconnais plus cet endroit."

Tout passe comme nos pensées, à l'instant où elles surgissent elles ont déjà rejoint le passé. Avons-nous cependant un comportement adéquat à l'impermanence ? Réfléchissons un peu à cette question à l'aide d'autres questions : à quoi et à qui sommes-nous attachés ? L'objet de cet attachement est-il durable ou éphémère? Si, comme vous le savez, tout est éphémère alors comment peut-on s'y attacher ? Nous vivons constamment des déchirements, des séparations parce que ce que nous pensions tenir s'échappe. La permanence des choses et des êtres est une illusion dont nous faisons une réalité. Notre souffrance est proportionnelle à la puissance de nos attachements. Faut-il alors se détacher de tout ? C'est ce que notre mort nous imposera. Le détachement n'est pas l'indifférence mais une autre manière d'être aux choses et aux êtres. Aimer l'être cher n'est pas un attachement mais un acte libre soumis à l'impermanence. Ne pas être attachés donne de l'espace aux choses et aux êtres pour qu'ils existent en tant que tel et nous libère de la souffrance. Si vous tenez dans votre main serrée une objet auquel vous tenez, faites l'expérience suivante : tournez le poing qui enserre l'objet vers le ciel et ouvrez-le, l'objet reste dans votre paume sans que vous ayez besoin de le retenir, sans crispation de votre main et de votre esprit. Laissez les choses en l'état et aimez-les en l'état.

Il n'est pas une personne qui ne cherche pas à éviter la souffrance et à rechercher le bonheur. En cela, tous les Hommes se ressemblent. Il est cependant inutile d'éviter les souffrances si nous n'en connaissons pas les causes. Nous avons approché une des causes : notre comportement impropre face à l'impermanence. Il est en une autre qui vient d'une ignorance. Nous pensons que toute chose et tout être sont indépendants, qu'ils ont une existence en propre ; rien n'est plus faux. Observez un arbre par exemple, existe-t-il en tant que tel ? Assurément non, il dépend de la terre dans laquelle ses racines s'enfoncent, du climat de la région où il est planté, de l'abondance des vents et des pluies. Cet arbre est entièrement dépendant des conditions dans lesquels il croît ; il n'a donc pas d'existence propre. Considérons maintenant nos vies et nous verrons que nous sommes entièrement dépendants des circonstances et des autres êtres. Or nous agissons comme si cette interdépendance n'existait pas, comme si nous étions indépendants des choses et des êtres qui nous entourent. L'erreur est de considérer le monde à partir de nous au lieu de l'envisager à partir des interactions et des interdépendances de chaque chose avec chaque chose et de chacun avec chacun. Si vous êtes bucheron dans la forêt amazonienne et que vous connaissez l'interdépendance existant entre vous et l'arbre que vous allez abattre, vous retiendrez votre hache. Si vous ne le savez pas, vous couperez l'arbre et vous ou votre descendance en souffrira. Considérer les choses et les êtres dans ce qui les lie élimine les causes de la souffrance.

Si ce qui fait l'objet de nos désirs n'a aucune existence propre et est impermanente, il convient de changer radicalement notre façon d'être au risque de manifester toute sorte d'émotions et de sentiments nuisibles, la haine, la colère mères de toutes les violences. Notre ignorance des causes de la souffrance perturbe l'esprit et déstabilise notre équilibre mental. Il convient de nous plonger en nous-mêmes pour observer nos états et ainsi les nommer et trouver la réelle nature de notre esprit. Dans cet exercice de méditation, il s'agit de tourner le regard vers l'intérieur ce qui rompt radicalement avec notre façon de faire. Allons dans le silence apaiser notre respiration et laisser les idées naître dans l'esprit sans les arrêter et sans s'y attarder ni les enrichir. Nous sommes des êtres fondamentalement paisibles mais, le plus souvent, ne savons pas aller chercher cette paix. Si nous n'obtenons pas le silence de notre mental, concentrons-nous sur notre respiration et laissons faire, rien d'autre. Quand nous avons trouvé cette paix, cette bonté en nous, nous nous sommes trouvés et avons touché la réelle nature de notre esprit. Les colères, les haines, les ressentiments, les aigreurs, les haines, les désirs reposent sans plus perturber notre présence au monde.

Avons-nous changé le monde ? Vous seriez tentés de réponde "non" et pourtant, vous l'avez changé. Sortis de notre médiations en paix, nous changeons les interactions, nous modifions la qualité de l'interdépendance. Si vous entretenez habituellement une relation conflictuelle avec votre conjoint(e) et si vous apportez votre paix vous changez la relation sans qu'il soit besoin de changer l'autre ; changer l'autre est impossible. Vous voyez combien notre responsabilité est grande ; la qualité de notre présence au monde change le monde.

J'ai lu les vies de mes soeurs et leur révolte. Puisque rien n'a changé malgré elles, tentons une révolution, interne celle-ci, sans que le sang ne se répande ; il est toujours trop tôt pour rejoindre sa prochaine incarnation. Réalisons cette sagesse de l'ordinaire dans nos vies pour changer le monde. Simplifions nos pensées, nos visions et nos vies. Je vous donne un mantra que j'ai souvent psalmodié et qui m'a toujours redonné force, lucidité et compassion pour poursuivre ma vie, c'est le mantra de Padmasambhava, grand maître bouddhiste : "Om Ah Hum Vajra Guru Padma Siddhi Hung", prononcez : "Om Ah Houng Benza Gourou Péma Siddhi Houng" Vous trouverez ainsi la paix en vous.

Chères âmes, je vous envoie tout l'amour que j'ai rapporté des hautes montagnes et remercie tous mes maîtres qui m'ont appris à vivre et à mourir.

Alexandra

Emma Goldman (1869 – 1940)

Chers tous et chères toutes,

Je suis née dans la Russie tsariste, voilà où commença toute mon histoire qui fut une révolte jusqu'à ce que le souffle me manque.

Je veux vous parler de la situation de votre société qui ressemble tant à ce que j'ai connu.

Votre civilisation périclite sans que vous en preniez conscience parce que vous vous habituez. Vous vous habituez au spectacle de la guerre, elle fait maintenant partie du décor. Vous vous habituez à la misère sociale et, quand elle vous touche, vous vous y soumettez. Vous vous habituez à l'oppression parce que vous y trouvez un avantage.

Vous espérez qu'un pouvoir fort redressera la situation, vous réclamez le sacrifice de la liberté pour être rassurés, vous soldez votre humanisme pour trouver ce que vous appelez la sécurité. J'ai vécu dans un temps où les circonstances étaient semblables, où les pouvoirs forts ont émergé de la lâcheté des peuples et vous savez comment cela a fini. Vous croyez qu'il n'y pas d'autres choix que la démocratie parlementaire ou le totalitarisme et le fascisme. Ce choix-là n'est plus à faire, la démocratie parlementaire est un totalitarisme rusé, qui obtient votre soumission avec votre consentement. Oui, vous consentez ! Que faites-vous quand vous votez ? Vous déléguez votre pouvoir et aliénez votre liberté. Observez votre déception qui suit une élection. Faudrait-il plus de parlementarisme ? Faudrait-il plus de présidentialisme ? Dans les deux cas, vous avez donné votre pouvoir et il se retourne contre vous.

Le progrès survient dès lors que la pratique du pouvoir s'éloigne des modèles archaïques basés sur les chefs de clan ou les chefs de bande. Quand un chef de parti devient président, cela n'exprime par autre chose que l'archaïsme, nommé démocratie certes, mais c'est fondamentalement un archaïsme. Il s'agit de s'extraire du choix manichéen parfaitement stérile entre démocratie parlementaire ou présidentielle et fascisme ou totalitarisme. Toute la question repose sur le rapport qu'il y a entre l'Etat et le peuple : comment l'Etat peut-il être au service de la société ? "*L'État, le gouvernement, quelle qu'en soit la forme, le caractère, qu'il soit autoritaire ou constitutionnel, monarchique ou républicain fasciste, nazi ou bolchevik, est de par sa nature même conservateur, statique, intolérant et opposé au changement.*" Pour avoir déclaré cela, j'ai passé beaucoup de temps en prison. J'ai mené la lutte contre les tenants de la démocratie parlementaire et contre le communisme : deux idées fausses qui n'ont jamais apporté aucun bonheur aux peuples parce qu'elles sont intrinsèquement oppressives. Ces deux idées fausses exploitent une croyance que ses thuriféraires ne cessent d'ancrer dans les esprits : aucun individu ne peut vivre sans autorité. Pourquoi croyons-nous en cette ineptie ? Parce que nous croyons depuis des millénaires que nous sommes par nature mauvais ; pécheurs pour certains. Voilà, le mauvais tour est joué. Observez votre vie et vous découvrirez qu'on vous a dispensé d'intelligence ; tout est pensé par d'autres pour vous, vous êtes sans doute trop incompétents pour décider de la société dans laquelle vous voulez vivre. Il existe des experts de votre vie, de votre santé, de votre bonheur qui vous diront que faire et ne pas faire et cela va à l'encontre de vos aspirations. L'erreur, c'est d'obéir.

Il est dans la nature de l'homme de se rebeller. Il s'est rebellé contre la pluie en s'en abritant, il s'est rebellé contre le froid en se chauffant, il s'est rebellé contre la faim en chassant puis en cultivant, il s'est rebellé contre la maladie en imaginant des médicaments et des soins. Toutes ces rébellions et bien d'autres lui ont permis de s'affranchir de la nature pour devenir un être libre de commander à son destin. La plus difficile des rebellions fut celle que l'Homme mena contre l'autorité transcendantale, divine ou royale. S'affranchir des pouvoirs hétéronomes restent le défi de votre société comme il fut le combat de ma vie.

"L'autre facteur, qui astreint les gouvernements à un conservatisme de plus en plus réactionnaire, est la méfiance inhérente qu'il porte à l'individu, la crainte de l'individualité."
Massifier, uniformiser, "uniciser" voilà le but recherché par toutes les formes de gouvernement. Dès lors qu'un individu tente une sortie de la masse il est persécuté, rabroué, opprimé pour qu'il rejoigne le troupeau ou, s'il résiste, qu'il ne le contamine pas. Un tel

individu est particulièrement exceptionnel pour avoir échappé au commandement de soumission prêché à l'école, à l'église, dans la presse et, maintenant, dans vos lucarnes magiques. Il faut faire preuve d'une grande résistante intellectuelle pour penser par soi-même ces temps-ci.

Cette résistance n'est pas vaine ; retrouvons nos aspirations à nous arranger ensemble, en êtres libres, et faire société sans qu'un pouvoir nous dise ce qui convient. C'est tout le projet des Hommes libres :, s'associer librement et convoquer l'intelligence dans cet arrangement. Il s'agit de vaincre le déterminisme darwinien qui nous condamne à la lutte pour la survie, déterminisme repris dans votre siècle par la "loi" économique. La coopération est une intelligence de l'espèce non seulement dans le but de survivre mais de vivre, d'accomplir, de développer l'humanité laissant la barbarie aux tenants de la loi naturelle. C'est pourquoi mes amis, nous ne nous laisserons plus conduire sur des autels sacrificiels, ceux de la guerre qu'elle soit militaire ou économique. Débarrassons-nous de l'autorité mais avant tout délestons-nous de la croyance que l'autorité est nécessaire pour conduire nos vies. La seule foi possible est celle que nous devons avoir en nous-mêmes, êtres de raison et de sensation, êtres de passion et d'intelligence ; seuls nous, savons ce qui est bon pour nous.

Que faut-il dénoncer aujourd'hui ? La tyrannie de la majorité puisque c'est une tyrannie. Pensez-vous que ces affrontements du même, je veux parler de ce que vous appelez la droite et la gauche, soit légitime à vous sortir de l'ornière où vous êtes sachant que l'une et l'autre vous y ont conduit ? Il est temps d'instituer une société qui rende service à l'individu, une société qui soit au service de chacun et non plus au services d'intérêts particuliers qui font ployer le peuple et le conduise vers le silence de la misère.

Le projet que je propose ici est la mise en œuvre de l'anarchie, c'est-à-dire une société sans hiérarchie. Ne vous laissez pas tromper par la propagande qui assimile l'anarchie au désordre. *"L'anarchie c'est l'ordre moins le pouvoir"* disait un poète de votre époque, Léo Ferré. Quelques tentatives auxquelles j'ai apporté ma contribution ont vite été réprimées par les démocraties et les régimes totalitaires et fascistes, je veux parler de l'anarchie espagnole. Ne désespérez pas mes amis, une alternative existe au malheur qu'on vous impose, elle est dans votre cœur, elle est consubstantielle à votre nature, seule la peur vous contraint.

Je souhaite que vous trouviez en vous le feu humain pour enfin accéder à la joie de vivre par vous-mêmes et pour vous mêmes.

Je suis de tout cœur proche de vous.
Emma

Maria Montessori (1870 – 1952)

Chers enfants et parents à qui je veux m'adresser par cette courte lettre,

Beaucoup de mes sœurs ont eu le souci de l'instruction des enfants pour qu'ils parviennent à exercer leur "métier d'Homme" ; comme elles ont eu raison !

Vous affrontez de grandes difficultés dans l'instruction des enfants au point que le désespoir gagne les maitres et le élèves. N'y-a-t-il pas une erreur fondamentale dans la méthode pédagogique qui montre aujourd'hui ses limites ?
Les enfants, s'ils sont petits par la taille, n'en ont pas moins un intellect et une sensibilité très développés ; il ne s'agit pas de "sous-hommes" pour le dire brutalement. Les

méthodes pédagogiques utilisées tiennent-elles compte des grandes capacités des enfants ?

Au début du siècle dernier, j'ai fondé la maison des enfants, *Casa dei bambini* pour en faire un lieu d'apprentissage de la vie. Ce que je veux dire par "apprentissage de la vie" c'est que les enfants apprennent à vivre ensemble et donc à organiser leur vie. En effet, apprendre dépend de deux conditions au moins. : l'autonomie et la confiance en soi. L'apprentissage n'est pas qu'un exercice intellectuel a minima qui consiste à déverser dans un cerveau vide des connaissances pour le remplir. Il s'agit surtout d'utiliser les connaissances pour construire sa vie pour acquérir son autonomie d'une part et la confiance en soi d'autre part.

Il convient de rompre avec l'ancien système de gavage basé sur la discipline. Quand la discipline n'est plus possible, l'ensemble du système devient inopérant. C'est ce à quoi vous assistez aujourd'hui. Ce qui caractérise votre époque c'est que l'école est chargée de former des enfants à devenir des producteurs/consommateurs. Elle n'apprend plus aux enfants à devenir des citoyens et des Hommes ; en cela ; elle faillit à se mission. La culture a été sacrifiée sur l'autel de "l'employabilité" comme si l'une excluait l'autre.

En mon temps, j'avais proposé une nouvelle approche, résolument différente du modèle classique. Il s'agissait de s'intéresser à la personnalité de l'enfant et de la développer. C'est cette personnalité développée qui sera en mesure d'apprendre l'un des savoirs les plus déterminants : le savoir-être.

Dans mon école, l'enfant apprend la liberté et ce qui la permet : la discipline. Ce mot ici n'est pas issu de la même pratique que celle évoquée plus haut dans l'enseignement "traditionnel". En effet, pour construire son intériorité l'enfant a besoin d'un ordre extérieur, mais cet ordre, c'est l'enfant qui l'organise avec les autres. Ainsi, après le "je", c'est le "nous" qui se manifeste. Pour développer ce nous par exemple, chaque matériel pédagogique est proposé en un seul exemplaire si bien que si deux enfants veulent utiliser un matériel, ils doivent s'arranger entre eux.

Dans cet ordre décidé par les enfants, ils peuvent construire leur liberté intérieure ce qui veut dire : agir par soi-même, penser par soi-même. C'est ainsi que dans mon école, l'enfant choisit son activité, il peut également choisir d'être seul ou de rassembler un groupe. Il apprend donc ainsi à être autonome et responsable, deux qualités essentielles au développement de sa sociabilité. Les maîtres ne sont là que pour aider l'enfant à apprendre par lui-même.

Les résultats sont spectaculaires, les enfants aiguisent leur curiosité et se saisissent les savoirs avec gourmandise allant bien plus loin et bien plus vite que les prévisions programmées par les enseignants. Signalons qu'ils sont dégagés du poids lié à l'objectif de résultat et à la compétition. Hors de ces cadres "darwiniens" la confiance en soi se déploie.

J'ai distingué trois grandes phases de développement chez les enfants et toute la pédagogie est articulée autour d'elles. La première phase, de la naissance à trois ans, où l'enfant s'imbibe de toutes les informations émises par son environnement. L'enfant ne fait que très peu de différence entre lui et le monde. La deuxième phase, de trois à six ans, où l'enfant construit sa confiance en lui-même. La troisième phase enfin, de six à neuf ans, pendant laquelle l'enfant devient autonome quant à sa réflexion intellectuelle. Ignorer ces étapes c'est rater la construction de l'humanité de l'enfant.

Les difficultés que vous rencontrez dans l'enseignement de vos enfants sont dues en partie au fait que les méthodologies n'ont pas fondamentalement changé depuis Charlemagne. Le professeur déverse son savoir selon un programme préétabli, les meilleurs s'en sortiront, les moins bons failliront. Qui sont ces meilleurs ? Ceux qui ont la plus grande capacité à répéter ce qu'ils ont retenu. Est-ce suffisant pour devenir un Homme, pour développer son Humanité ? Est-ce suffisant pour devenir un citoyen conscient, responsable et libre ?. La confusion règne dans votre société, le manque de créativité est criant, le devenir semble appartenir à l'incertain. Demandez-vous alors : "Comment avons-nous éduqué nos enfants ?" Vous saurez dès lors que pour changer votre société il faudra révolutionner votre enseignement.

Chaque enfant contient un Homme, comme la pierre brute contient la sculpture. Tout l'art de l'enseignement et, plus généralement, de l'éducation, consiste à faire émerger de l'enfance un humain libre. L'Homme se portera mieux s'il renoue avec son intériorité, s'il a appris à y trouver la paix et la justesse de son jugement. Hors de toute compétition, de toute comparaison, l'enfant devient un Homme collaborant avec le souci d'être utile au groupe, à la société. Celle-ci a besoin aujourd'hui d'Hommes dotées d'une grande vertu pour éviter les répétitions infinies des erreurs. L'éducation doit mettre au monde des Hommes nouveaux ce que ne peut faire les vieilles méthodes pédagogiques. Nous devons avoir absolument conscience que les impasses auxquelles nous nous heurtons collectivement trouvent leur origine dans l'absence d'innovation de l'éducation contemporaine.

Le défi est de faire émerger l'humanité chez le Petit d'Hommes afin que la civilisation progresse. C'est tout l'enjeu de la révolution que je souhaite dans l'enseignement et l'éducation.

Chers parents, le monde sera demain à l'image de vos enfants aujourd'hui. Il est donc essentiel que vous puissiez agir pour qu'enfin vos enfants aient le souci de l'avenir au risque de poursuivre l'erreur qui met le monde dans le malheur aujourd'hui.

Je vous souhaite d'y parvenir chers parents, je vous souhaite un bel avenir, mes enfants.

Maria

Rosa Luxemburg (1871 – 1919)

"Rosa-la-Rouge aussi a disparu.
Le lieu où repose son corps est inconnu
Elle avait dit aux pauvres la vérité.
Et pour cela les riches l'ont exécutée."

Ces quelques mots de Bertolt Brecht résument toute ma vie. J'ai eu droit à une autre épitaphe quand mon corps fut jeté dans le *Landwehrkanal* par dessus un pont par des soldats après qu'ils m'eurent rouées de coups de crosse et mises une balle dans la tête : "Voilà la vieille salope qui nage maintenant." Comme le dit un de vos historiens, Max Gallot, qui m'a consacré un livre : "*Il faut se souvenir qu'elle* [la barbarie] *n'est jamais anonyme, qu'un homme doit lever son fusil pour frapper de sa crosse, presser de son doigt sur la détente.*"

Chers amis, je suis morte assassinée en 1919, il y a moins de cent ans ; je me sens si proche de vous et je suis issue de cette longue lignée de femmes qui n'ont pas perdu la flamme afin que moi et d'autres avec moi la portent encore, loin dans le temps et particulièrement dans le vôtre.

Juive, boiteuse, exilée et femme, j'ai voulu changer le monde. Ma Commune s'est achevée dans un bain de sang en janvier 1919 à l'instar de celle de Louise.

Je n'ai voulu que la vie, je n'ai voulu que son éclatement, j'ai voulu qu'elle emporte le malheur des Hommes. J'ai vu poindre, avant que mes yeux ne se ferment, les couleurs brunes du nationalisme et le rouge sang du bolchévisme. J'avais la très nette conscience de ce qui risquait d'anéantir la civilisation. J'ai mis toute mon énergie pour que cela n'arrive pas.

La révolution était en marche à Berlin ; j'ai pesé pour qu'elle ait comme finalité de donner le pouvoir aux masses sans haine ni violence. Le pouvoir social-démocrate dépêcha des Corps-francs, anciens de la grande boucherie qui venait de s'achever par la défaite de l'Allemagne. Ces soldats étaient amers et recherchaient les coupables désignés de leur humiliation, les juifs, les pacifistes et les bolchéviques ; ils étaient là pour laver l'honneur de la nation allemande dans le sang. Je savais que notre mouvement révolutionnaire n'avait que peu de chances d'aboutir. L'insurrection fait peur même à celles et ceux qu'elle sert. Existe-t-il chez les peuples une crainte intrinsèque de conquérir la liberté et de conduire leur destin ? Sommes-nous à ce point conditionné pour ne pas oser diriger nos vies ? Qu'y a t-il dans l'oppression qui rassure tant ?

Les fusils entrèrent dans la ville, pourquoi ? Je ne manifestais que des envies d'un monde meilleur. Je n'avais cessé de dénoncer la violence des régimes, l'injustice qui excluait les masses, le sort qui était fait à la classe ouvrière, les dangers des nationalismes. En ces jours de janvier 1919, mon échec est là, derrière les volets clos où se cache le peuple apeuré, livrant les insurgés au massacre, déroulant inconscients le tapis rouge sang au bruit des bottes. Dans les rues de Berlin avaient été placardées des affichettes : "*Tuez Liebknecht et Luxemburg si vous voulez avoir la paix, du travail et du pain.*" Voyez mes amis, la liberté s'échange contre la paix, du travail et du pain. C'est dans l'habitude de l'oppression de proposer une sécurité illusoire contre une obéissance consentie. Vous devriez, chers amis, vous en souvenir dans cette époque qui ressemble tant à la mienne.

Qu'elle habite l'insecte ou l'Homme, j'ai toujours cru à la puissance vitale. L'énergie enthousiaste des humains quand il s'agit de penser le bonheur est un bel élan. Je me méfie des idées rigides, des philosophies absconses, des pensées étroites et de l'absence de doute ; tout cela n'est pas vivant. Je me méfie des carcans idéologiques, des partis ou des sectes politiques qui brisent l'imagination, qui cloîtrent les aspirations, qui enferment les envies ; tout cela est mortifère. L'avenir appartient au vivant, rien ne devrait le lui arracher.

Vous l'avez compris, mon combat obstiné fut un combat pour la vie, rejetant ce qui l'empêche d'émerger ; les complicités, les médiocrités, les lâchetés, les bassesses, les compromissions, les inégalités, les injustices, les soumissions, les veuleries ; toutes ces postures qui s'accommodent de la mort.

L'obscurité a balayé l'humanité après ma mort. Les forces de la vie ont disparu pour un temps. Où sont-elles dans votre monde d'aujourd'hui ? J'entends, sans tendre l'oreille, les mots de jadis revenir dans les bouches haineuses. Je vois les crispations idéologiques du dogme dominant, j'observe les échines qui se courbent pour un peu de pain, un peu de travail, un peu de paix. Je ne vois aucune force vivante qui émerge de la fange marchande dans laquelle vos esprits s'engluent et sombrent. Mes amis, vous avez abandonné et vous savez, l'histoire vous l'a enseigné, où votre abandon vous mènera.

Après ces quelques années qui ont passé comme l'eau a coulé sous le pont d'où je fus jetée, je veux vous dire combien mon échec fut amer. J'ai tenté une prise de conscience pour que la Grande Guerre ne surgisse pas, mes forces n'y suffirent pas. Le peuple est allé à la boucherie en chantant ? Il est revenu broyé de cette aventure qui n'était pas la sienne. Comment un pouvoir, s'il est humain, peut-il vouloir la mort ? J'ai tenté d'expliquer le risque de l'injustice sociale car j'avais eu une vision de ce que pouvait être un bonheur dont la dimension serait la planète. Comment un pouvoir peut-il refuser le bonheur au peuple ? Quels sont les intérêts qui auraient la prétention de se déclarer supérieurs au bien-être des masses ? Quand j'entends les discours de vos dirigeants politiques, je suis affligée par cet appel aux sacrifices du plus grand nombre dans cette nouvelle guerre que vous appelez économique. Au nom de quoi sacrifie-t-on des peuples ? Qui sont les dieux qui réclament le sacrifice ? Peuples, êtes-vous sans pouvoir ? Avez-vous délaissé votre jugement pour accepter que ces discours soient prononcés et que vous mettiez votre tête sur le billot sans révolte ? Certes, la propagande est puissante, mais vous savez de quoi elle est faite depuis le temps qu'elle est utilisée à vos dépends. J'aimerais tant être parmi vous et vous parler, vous dire combien les malheurs ne sont pas inéluctables, combien la vie est plus forte que la mort, combien votre cœur est puissant et pourrait courber tous les pouvoirs imposteurs.

Je vous demande humblement de penser à moi en ces temps qui vous chahutent, trouvez-y de l'énergie et du courage, puisez la vie et tous ses sucs salvateurs, repoussez les obscurantismes qui vous assaillent aux frontières de la liberté et ne lâchez pas sur vos aspirations humaines, sur vos désirs de vivre en conformité avec vos aspirations. Si j'ai échoué c'est pour que vous n'échouiez pas.

Recevez toute ma tendresse et toute mon énergie.

Rosa

Alexandra Kollontaï (1872 – 1952)

Mes chers enfants,

J'ai été une militante communiste et ai consacré ma vie à l'émancipation des femmes.

Je voudrais au début de ce courrier rectifier quelques idées reçues qui me paraissent fausses.

L'absence de droits des femmes, l'absence d'accès à l'autonomie, son exil obligé de la vie sociale ne sont pas liées à sa nature féminine. Y-a-t-il seulement une nature féminine avérée? L'idée que la condition progresse à mesure que la science et la culture progressent est erronée. Il semble que quelque soit le degré de civilisation d'un peuple, la condition s'en trouve inchangé. La question évidemment est pourquoi ?

Parce que les croyances, les préjugés et l'ignorance ont la vie dure et résistent aux faits. C'est pourquoi il convient de mieux comprendre la situation qui est faite aux femmes à l'aune de l'évolution de leur position sociale dans l'histoire.

Dans les temps anciens, se côtoyaient deux modèles d'organisation sociale : l'un, sédentaire, fondé sur l'activité agricole et l'autre, nomade, fondé sur la chasse puis l'élevage. Dans le premier, les femmes contribuaient activement à la production. On pense même ce que ce sont les femmes qui ont inventé l'agriculture. Elles ont acquis une place prépondérante au sein des tribus.

Dans le second, les femmes furent d'abord exclues de la chasse, ne pouvant emmener les enfants avec les chasseurs, et durent rester à demeure. La tradition se perpétua quand l'élevage remplaça la chasse. Ni la chasse seule, ni l'agriculture ne suffisaient à subvenir aux besoin des tribus, les hommes s'occupèrent de celle-ci et les femmes de celle-là. Ce fut le début de la division du travail et de la sexualisation des tâches. Constatez où nous en sommes après des années de lutte. J'avais mis un grand espoir dans l'idée communiste mais ai vite déchanté quand je vis la mauvaise tournure que prenait cette grande idée.

Il n'empêche que la sexualisation des tâches domestiques et du travail relèguent toujours les femmes à ce qu'elle sont réputées savoir faire : s'occuper des autres "comme une mère". Voyez combien les femmes sont présentes dans les professions de santé et d'aide sociale. Elles supportent par ailleurs la sauvagerie du capitalisme, réduite aux temps partiels imposés, recevant pour cela un maigre salaire ; elles sont les premières frappées quand l'argent se joue des gens.

Les mouvements féministes n'ont pas posé la bonne question. L'inégalité est consubstantielle au capitalisme, ce qu'il convient de bouleverser est le système de production. Les femmes sont en effet asservies et subissent l'oppression salariale. Nos luttes furent vaines parce que les hommes détiennent le pouvoir de distribuer le travail et que ce n'est que par mansuétude qu'ils nous cèdent un peu d'autonomie. Bien sûr les mouvements féminins d'émancipation ont "encouragé" cette mansuétude avec ce risque toujours présent: la réversibilité, le retour des obscurantismes du Livre. Vous pouvez toujours en témoigner mes sœurs voilées, excisées, lapidées. De quel amour s'agit-il quand on traite les femmes de cette façon ? Les hommes prétendent nous aimer, ne confondent-ils pas aimer et s'approprier ?

L'amour a toujours ce voile pudique jeté sur les comportements violents du mâle. Souvenez-vous de "l'amour courtois" où le Chevalier exposait sa vie pour sa "dame de cœur" et n'hésitait cependant pas à violenter quelques villageoises pour assouvir ses bas instincts. L'amour masquait aussi des arrangements entre famille pour augmenter le capital, comme en d'autres temps, les chefs se cédaient leurs filles pour nouer des alliances ou accroître le territoire.

Il nous faut quitter ces héritages tous contenus dans la morale bourgeoise pour s'émanciper des hypocrisies de la conformité des classes dominantes. J'ai prône ce que j'ai appelé "l'amour camaraderie" c'est-à-dire un amour qui puisse s'exprimer dans toutes ses nuances sachant que son fondement est la solidarité entre ceux qui s'aiment. Car nul doute que les amants ont un rôle social, ils disposent d'une grande énergie de sympathie qui trouve sa source dans l'amour qu'ils se portent. Être amoureux ne se réduit à un bonheur intime et enfermé mais ce sentiment profite à l'ensemble de la communauté. Soyez donc amoureux et le bien que vous vous faites, vous le ferez à l'ensemble. Deux êtres qui s'aiment, quand il s'agit d'un homme et d'une femme, sont autonomes dans leur amour, la femme n'est pas absorbée par l'homme. Il conviendra de s'extraite de ce sentiment de propriété hérité, archaïsme toujours à l'œuvre y compris à votre époque. Posséder l'autre, être propriétaire de son corps, de son sexe comme si l'amour était une acquisition, un acte d'achat, est d'un autre âge. Nous subissons des aliénations sociales pourquoi faudrait-il les subir dans l'amour ?

Et puis, Messieurs, pourquoi serions-nous, nous les femmes, seules capables de sensibilité et de tendresse ; par essence ? J'ai dit ce que j'en pensais au début de cette lettre. Les hommes ne sont démunis ni de l'une ni de l'autre mais ils pensent que ça ne convient pas à leur virilité.

Disons les choses comme elles sont, la virilité n'est pas l'essence du mâle même si quelques verticalités matinales lui sont propres. Les attributs du ventre ne sont pas ceux du cœur et c'est de votre cœur Messieurs que je veux vous entretenir. Il n'est pas différent du nôtre, prompt à battre quand l'amour le frappe, déchiré quand l'amour s'en va, enflammé dans les premiers instants, aimant dans les temps qui suivent, il ne répond à aucun besoin physiologique quand il s'agit d'amour. Il est tout aussi tendre que le nôtre, il sait accompagner la main dans la tendre caresse, il sait nourrir les yeux des larmes du bonheur, il sait voir toute la beauté de celle qu'il aime.

Mais finalement, je loue ici la femme célibataire, son indépendance, sa capacité dès lors à mettre son intelligence, son énergie et son amour au service de la collectivité. Libre de toute contrainte, la femme célibataire n'est plus "un reflet de l'homme" mais un être libre de toutes contraintes. Il est temps de dire aux jeunes filles que le couple n'est pas un horizon indépassable, que consacrer sa vie à un mari n'est pas la seule perspective possible. Emancipée de l'enfermement du couple, la femme contribuera à la révolution sociale qui n'a pas abouti avec le communisme et qui reste donc une hypothèse pour votre époque.

Vous le savez mes sœurs, tout reste à faire. Je vous invite à inventer un amour qui soit facteur de liberté, un amour qui s'inscrit dans une "solidarité fraternelle", qui en soit le ciment ; aimer ce n'est pas seulement un sentiment qui s'exprimerait dans l'intime mais aussi une énergie qui fonde le monde auquel nous aspirons.

Je vous suis dans vos envies, dans vos colères, dans vos résignations. Souvenez-vous qu'exiger l'égalité des droits n'est pas suffisant, il faut maintenant renverser le système qui vous opprime.

Je vous embrasse tendrement.
Alexandra.

Thérèse de Lisieux (1873 – 1897)

Chères âmes,

J'ai voulu être une sainte ; je fus canonisée en 1925. Je n'y vois aucune récompense mais une possibilité que ma vie puisse inspirer celles des Hommes pour les conduire vers Dieu.

Je vous adresse ces quelques mots à la suite de mes sœurs et j'ai une pensée pour celles qui ont donné leur vie pour un monde meilleur. Elles ont habité la terre sans penser au ciel. J'ai vécu sur terre en ne pensant qu'à mon Père qui est au Ciel. C'est toute la différence, mon monde ne fut pas celui des Hommes mais celui de leur Créateur. J'ai tant demandé à être auprès de Lui qu'Il m'a appelée très tôt. Ma vie ne me déplut pourtant pas, j'étais l'épousée de mon Seigneur, je sentais sa présence à chacun de mes souffles et j'ai appris à l'aimer comme il m'aimait. J'ai abandonné très tôt la vie ordinaire pour entrer très jeune au carmel et dédier ma vie à Dieu.

Chères âmes, j'ai vécu là dans le sein de Dieu, sentant son amour immense à mes côtés, bénissant ses paroles qui m'aidèrent à être meilleure, vibrant à ses appels et ses exigences. J'ai fait vœu d'obéissance et je vous le dis, quel paix quand la volonté est remise à d'autres, mes supérieures. Plus n'est besoin de s'évertuer à faire des choix toujours difficiles, plus de questions sur le chemin suivi puisqu'il est tracé par ma Mère qui sait pour moi ce qui est bon et bien. J'ai su très vite qu'il ne convenait pas de s'écarter de l'obéissance au risque d'errer dans le questionnement et le doute. Quand j'accomplis la volonté de ma Mère supérieure, j'accomplis celle du Seigneur ; le Seigneur ne veut que mon bien.

J'ai beaucoup écrit sur l'amour que je porte à mes sœurs, à ma Mère et au Seigneur mon Dieu. Cet amour n'est pas ce que connaît l'Homme, il est de l'ordre spirituel, ineffable ; les mots humains sont insuffisants pour le décrire. Avec mes pauvres mots, j'ose dire que l'amour divin est ce qui transporte au Ciel, c'est la manifestation de l'immortalité, rien ne périt quand il y a l'amour. Il ne s'incarne pas dans un bonheur recherché, dans une satisfaction temporelle, dans l'évitement du sacrifice mais bien dans le désintéressement le plus total ; ne plus contenter sa nature pour élever un cœur plus léger vers l'amour de Dieu.

L'amour est un abandon, une conscience que nous ne pouvons faire les choses par nous-mêmes, seul Dieu commande. S'abandonner à l'amour de Dieu, au destin qu'il a conçu pour nous. S'en remettre avec confiance à la volonté du Seigneur, voilà ce qu'Il nous demande. Il a fallu beaucoup de patience et d'amour à ma Mère chérie pour que j'abandonne ce qui m'était personnel, mes avis, mes pensées, mes envies et mes désirs ; petits sacrifices pour une joie indicible. Je fus vigilante à ne jamais m'écarter de la voie tracée par Dieu. J'ai oublié la petitesse de ma nature et ai prétendu à rejoindre la Grandeur de mon créateur comme un grain de sable rejoint la montagne qui l'a conçu.

Aimer le Seigneur n'empêche nullement d'aimer son prochain comme Il le commande. Aimer son prochain c'est transmettre par son cœur l'amour de Dieu sur terre. A l'image du Seigneur, répandons ses bontés sur le malheur des Hommes, portons notre regard sur toutes les créatures de Dieu et transmettons Sa grâce.

J'ai tant prié pour que les Hommes rejoignent les chemins du Seigneur et n'ai jamais laissé un temps sans dire sa parole et sans montrer ses bienfaits. Ce que j'ai fait pour l'un je l'ai fait au Seigneur. Je n'ai pas fait la charité pour gagner mon Ciel - seul Dieu en décide - mais pour rendre aux Hommes la foi que Dieu m'a donnée.

Si ma vie fut parsemée d'épreuves, je savais que Dieu, dans son infinie bonté, mesurait leur lourdeur afin que je pusse les supporter. Ma dernière épreuve fut très douloureuse, mon agonie fut longue et la souffrance fut vive. J'étais trop croyante pour mettre fin à mes jours mais que le temps fut long. De là où je suis, je m'interroge sur cette souffrance, ne fut-elle pas aggravée par mon impatience à rejoindre mon Créateur. Pendant ma difficile agonie, je remercie le Seigneur de m'avoir gardée en paix, sereine à l'approche de ma venue à Ses côtés. Mes chères âmes, c'est cela la mort, c'est la vraie vie. Je vous vois désemparés face à votre finitude. Vous laissez vos proches expirer entre les murs blancs de vos hôpitaux. La main du mourant repose dans celle du soignant ; où sont les oreilles aimées pour entendre les dernières paroles de celle ou celui qui va rejoindre le Royaume de Dieu ? Les Hommes sont aimables jusqu'à la fin.

L'abandon d'une créature de Dieu lors qu'il Le rejoint n'est pas la charité que vous lui devez. Dieu attend dans son royaume des hommes en paix avec eux et avec Lui. Que ne prodiguez-vous alors les soins de l'âme, que ne prononcez-vous la parole de Dieu pour verser sur le cœur qui va s'arrêter un baume divin. Je vois avec douleur ces vivants qui meurent et partent avec leur âme dans le tourment. Je sais bien que Dieu est bien loin de vous par ces temps curieux, mais ce n'est pas Lui qui s'est éloigné. Comment, sans lui, pouvoir dire les paroles d'amour qui vous manquent tant dans votre vie et qui ne sont pas dites à l'heure de votre mort ? Laissées à vos errements marchands, errant dans les galeries du vide spirituel, luttant pour de vaines possessions, vous déchirant les uns les autres, vos âmes sont tumultueuses, attachées par le bas, prisonnières de la matière dont vous vous entourez.

Chères âmes, faites silence en vous-mêmes et écoutez la douce parole de notre Seigneur, écoutez la tendresse de ses commandements, écoutez la bonté qu'Il vous veut et l'amour qu'Il vous donne. Je vous le dis mes frères et mes sœurs chéris, prenez soin de ce silence pénétré par Dieu, prenez soin de votre âme et de celle de votre prochain. Ce soin vous sera rendu au Royaume des Cieux. Retrouvez en vous ce don divin qui vous pousse à aimer, donnez naissance à Jésus en vous pour que vous trouviez la foi et la force de chasser les marchands du temple, de guérir les âmes en souffrance et d'apaiser les corps qui vont mourir. Vous n'êtes pas sur terre pour mourir mais bien pour vivre ici et au-delà. Ayez dans vos pensées la grande portée de vos actes quand ils sont éternels. Vous n'êtes pas des créatures nées d'un hasard moléculaire mais la présence divine au sein de cette matière que Dieu a voulu comme elle est. Vous êtes responsables devant lui de ce que vous aurez fait de son monde.

L'amour mes âmes chéries, l'amour vous sauvera du néant dans lequel votre âme se perd, de l'anéantissement dans lequel votre esprit se meurt. J'ai connu un amour intense et vous vois vivre sans lui dans cette tristesse qui semble votre seule compagnie. Réveillez-vous femmes et hommes chéris par Dieu ! Je vous invite à l'amour.

Votre petite sœur.
Thérèse

Edith Stein (1891- 1942)

"*Je viens pour prier avec vous avec toute la Pologne et toute l'Europe. Je viens m'agenouiller sur ce Golgotha du monde moderne, sur ces tombes, anonymes pour la plupart... Nous nous trouvons en un lieu où nous voulons penser en frères à tous les peuples et à tous les hommes. Et même si, dans ce que j'ai dit, il y avait de l'amertume, mes chers frères et sœurs, je n'ai pas dit pas cela pour accuser quelqu'un, en aucune manière. J'ai dit cela pour que nous nous souvenions. Car je ne parle pas seulement en pensant à tous ceux qui périrent - aux quatre millions de victimes de ce camp gigantesque - je parle au nom de tous ceux dont les droits sont, partout dans le monde, bafoués et violés. Je parle parce que la vérité m'y oblige, nous y oblige tous.*" Jean-Paul II - Juillet 1979 - Auschwitz.

Je suis morte assassinée à Auschwitz-Birkenau le 9 août 1942. C'est tout ce que j'ai pu faire pour mon peuple, supporter un peu de sa souffrance dans cet abyssal anéantissement. J'ai eu là, en moi, cette douleur indicible, un peu de cette charge que le Christ prit sur la Croix ; la rédemption de l'humanité.

Depuis que je suis en âge de la chercher, j'ai tenté de toucher la vérité sans jamais en sentir la moindre aspérité. Mon maître Husserl, aussi brillant fut-il, ne me permit pas de combler ce vide en moi, cette partie inconsolable parce qu'en errance. A la suite de Thérèse d'Avila, j'ai quêté une paix ineffable, humaine et divine à la fois, celle qui vient de Dieu. Juive et chrétienne, j'ai vu la persécution de mon peuple et de l'humanité toute entière, celle de Jésus. Devant cette œuvre du mal j'ai trouvé ce qui ne passe pas : la vérité éternelle qui subsiste aux plus grandes obscurités. Elle fut en moi dans les périls, elle ne les changea en rien mais me changea, moi, face à eux.

J'ai compris que la réalité était puissante et qu'il convenait d'y vivre avec humilité pour s'en rendre maître. Mes sœurs et mes frères, le malheur qui vous est fait ne peut provoquer votre malheur. Regardez en vous et trouvez ce miroir qu'est votre âme ; s'il vous semble troublé, c'est qu'il est entaché de vos fautes et Dieu ne peut s'y refléter. Toute la force humaine, dans les pires heures de l'histoire, vient de cette sécurité que j'ai trouvée en Dieu. La mort ou la vie sont deux destins indifférents, Se donner alors n'est qu'une éphémère action de grâce pour une éternelle et définitive élévation vers la pureté de nos origines.

Pratiquer la foi n'est pas un repliement sur soi en laissant le monde à ce qu'il est mais bien un détour en soi pour y trouver Dieu, sa force, son inspiration et aller vers le monde sans crainte, sûr de Lui. Dieu guide alors les pas de l'Homme de foi dans les chemins tortueux sans se laisser happer par eux. Certes, notre vie est dans les mains de Dieu, mais ce sont nos mains qui modèlent la glaise, en son Nom. Ce que nous ne faisons pas de nos mains est l'œuvre de Dieu qui ne s'accomplit pas. Nous sommes l'expression de sa volonté, elle se manifeste en nous et par nous, ce serait une faute que de ne pas mettre en œuvre l'amour de Dieu puisqu'il l'a voulu.

Chaque jour que Dieu fait est un jour pour que l'Homme fasse.

J'en viens à une question que je me suis souvent posée : qu'est-ce que l'être ? Après avoir confié ma vie à Dieu, j'ai découvert cet être limité, à la recherche du bonheur de l'instant, fragile devant les menaces qui peuvent lui ôter la vie à tout moment. Cet être suit un fleuve qui le mène inexorablement vers la chute de laquelle on ne se relève pas. Mais il est un autre être, indifférent au temps, dont je sais la permanence, stable dans ce fleuve tumultueux, empli d'une joie éternelle. Cet être est confiant, porté par les bras du Père, comblé par l'amour de Dieu, présent de toute éternité à la vie. Qu'est-ce alors que le don de soi ? Donner l'être éphémère pour la vie d'autrui, pour le salut du prochain, c'est faire au mieux pour cet être-là. Se donner, c'est abandonner l'éphémère pour l'éternité.

Quand j'évoquais plus haut la limite de notre être, je ne faisais pas seulement allusion à sa finitude mais également à ses limites de compréhension. Si la science et les concepts nous ont permis de mieux comprendre notre monde, ils se heurtent à la question du sens de la vie. Dieu est hors des spéculations intellectuelles, inatteignables par les investigations scientifiques mais Il n'est pas hors de portée. Les voies de la foi sont le chemin vers Lui.

Il ne s'agit plus de compréhension mais d'incompréhension devant le mystère. J'avais appelé ce phénomène : "la lumière obscure". Nous savons par la foi que nous touchons à la lumière, mais cette lumière reste obscure à notre compréhension. Il s'agit d'un autre abandon, celui de la raison raisonnante. Nous savons dès lors que le hasard n'existe pas, que Dieu a un dessein pour chacun et que notre foi nous porte dans le chemin prévu pour nous. Le sens de la vie nous apparaît après coup et nous savons alors combien Dieu a parfaitement fait les choses. Il nous revient de nous en remettre à Lui avec confiance, le sens nous apparaîtra quand il nous sera utile de le comprendre. Le monde n'est pas en paix parce que chacun est crispé sur la volonté de tracer le chemin de sa vie. La crispation qui se transforme en amertume quand les obstacles surgissent et qu'ils semblent indépassables nous condamnant au désarroi de l'échec. Sur le chemin de Dieu, point d'échec ; des obstacles sont à notre mesure et nous puisons dans notre foi les forces pour les franchir.

Il convient pour ce voyage vers le Créateur de nous départir de cet orgueil démesuré qui nous attribue une toute puissance dont nous ne disposons pas. Epousons à nouveau la sœur de toutes les sagesses : l'humilité. C'est un autre abandon de laisser l'arrogance au port de l'inconscience et de prendre les habits de ce qui rend humain. La grandeur de la foi n'apparaît qu'au moment où les sommets de l'impertinence ne lui font plus d'ombre.

Enfin et dernier abandon que je vous conseille, arrêtez le temps de l'agitation pour entrer dans celui de la contemplation. Trouvez chaque jour ce moment où vous abandonnerez le flot pour retrouver le flux qui vous relie à Dieu. Entrez en vous-mêmes, allez à la rencontre de votre miroir et voyez si Dieu s'y réfléchit. Ces instants sont uniques, ils vous permettent de renouer avec votre essence, de vous baigner à nouveau dans cet amour infini et d'aimer en retour votre Père.

Votre monde va mal, j'ai connu les mêmes menaces. Je vous invite à la paix en vous pour que le monde que vous habitez retrouve la sienne. Ne pensez pas que le mal soit de la responsabilité de certains hommes désignés qui endosseraient votre propre part. Vos errances, vos perditions, votre désarroi ne viennent que de vous ; ce n'est pas Dieu qui ne vous entend pas mais bien vous qui n'entendez pas Dieu. Eloignés de Son amour, vous êtes perdus, livrés aux forces de la haine et du sang. Je vous invite, frères et sœurs, à revenir à la Lumière des débuts, à celle qui vous nourrit ; rappelez-vous, vous êtes les mains de Dieu.

Je prie pour vous mes enfants que j'aime et vous envoie tout l'amour de Dieu.

Edith

Ruth Benedict (1887 – 1948)

"*L'homme est la mesure de toutes choses.*'
disait Protagoras.

Cette phrase a inspiré toutes mes recherches
d'anthropologue. Elle nous dit que les
comportements, les croyances, les cultures
sont relatifs aux Hommes et qu'ils ne sont en
rien absolus. Or, ce qui s'est passé et ce qui se
produit toujours, c'est la tentative
d'absolutisme de certaines croyances qui a
pour finalité l'uniformisation du monde.

Mes chers amis, je veux ici, avec ces quelques
mots, vous soumettre une réflexion sur
l'évolution des civilisations et de la place de
l'Homme.

La conquête du monde par "l'homme blanc" l'a
amené à considérer les peuples à l'aune de sa

culture qu'il a pensé universelle, au point que les peuples qui n'étaient pas "occidentaux" en ont oublié leur propre culture ou ont cédé devant la puissance du monde occidental chrétien. J'ai étudié ces phénomènes au cours des années 1950. Je pense que mes études sont toujours d'une grande actualité et je vais tenter de vous expliquer pourquoi.

"[L'homme blanc] *n'a, en général, jamais vu un homme d'une autre race qui ne fût déjà européanisée. Quand il a voyagé, il aura vraisemblablement erré de par le monde, sans jamais avoir habité en dehors des hôtels cosmopolites. Il connaît peu de choses des différents modes de vie en dehors de celui de la sienne."* C'est le constat que j'ai fait dans mon livre *: "Echantillons de civilisations*".

L'expansion de la civilisation blanche nous a privés du souci de l'autre, au point que nous ne sommes pas laissés questionner par les rituels, les coutumes, l'art de vivre des autres civilisations. Sûrs de notre puissance militaire et de notre religion, nous nous sommes répandus sur le monde sans plus d'égards pour ce qui n'était pas nous. Quand j'évoque la religion, je veux dire que les chrétiens d'occident ne pouvaient imaginer un monde qui puisse être raisonnablement païen puisque leur religion était la seule solution existentielle possible. Il ne put y avoir de rencontres entre les croyances ; du côté chrétien, une vérité révélée, du côté païen, des rituels de « sauvages », des croyances hérétiques, des comportements démoniaques. La civilisation blanche a durablement méprisé ce qui n'était pas elle.

Les Hommes, de par le monde, ont élaboré des sociétés à partir de rituels communs, de croyances communes, de frontières visibles qui définissaient un « nous ». Parce que les nomades rencontrèrent les sédentaires, les cultures se sont enrichies l'une l'autre sans que l'une veuille la disparition de l'autre. Ces échanges furent possibles tant que les cultures ne prétendaient pas à l'universalité et à l'absolu. Ainsi, une multitude de façons de vivre fut possible et la rencontre entre elles fertilisaient l'imagination et l'innovation.

Le grand drame qui condamna toute cette dynamique fut l'avènement de la vérité révélée. J'avais écrit dans « Echantillons de civilisations » un entretien que j'avais eu avec un chef indien dont j'ai retenu ces quelques phrases lourdes de signification : « Au commencement, Dieu a donné à chaque homme un bol d'argile et ce fut dans ce bol que les gens burent leur vie. Ils l'ont tous plongé dans l'eau mais leurs bols étaient différents. Notre bol à nous est cassé maintenant. Il n'existe plus. »

Tout ce qui contribuait au « vivre ensemble », les codes moraux, les fêtes et cérémonies, les arts… avait été broyé par l'absolutisme monothéiste. Le chef avait vu disparaître le sens que lui et son peuple donnaient à la vie.

Nous devons tirer une première leçon de ce phénomène d'uniformisation : l'absolutisme n'est pas à la mesure de l'Homme mais bien la démesure des peuples dominateurs. Il convient donc que nous soyons vigilants à toute idée qui a des prétentions d'absolu. Il faut ici comprendre que ce sont deux façons d'habiter le monde qui s'affrontent : l'une considérant que chaque culture est relative au peuple qui la développe et qu'elle ne contient aucune vérité qui serait supérieure à une autre, l'autre qui considère qu'il n'est qu'une vérité absolue, la sienne, et qu'elle est consubstantiellement universelle. Autrement dit, certains sont fils de Dieu, d'autres ne le sont pas ; soit ceux-ci le deviennent, soit ils disparaissent de la communauté des Hommes libres.

Une deuxième leçon est que l'uniformisation des cultures annihile toute rencontre entre les différences qui est la source des progrès de l'humanité. En effet, rencontrer ce qui n'est pas soi c'est une confrontation des savoirs, c'est une interrogation sur d'autres possibles, c'est une question sur soi, c'est une possibilité d'intelligence.

Imaginez maintenant que pareil phénomène se produise à nouveau dans votre monde ; je veux dire qu'une idéologie qui se veut absolue se répande et règle tous les domaines de le vie d'est en ouest et du nord au sud. Imaginez par exemple que vous alliez dans un pays de l'Asie et que vous y trouviez les mêmes boutiques, les mêmes hôtels, les mêmes restaurants que chez vous. Imaginez encore que vous partiez travailler dans ce même pays, ou un autre, et que vous vous aperceviez que les méthodes de travail sont les mêmes que les vôtres, que les outils sont identiques, que le contenu des échanges avec les personnes avec qui vous collaborez porte sur les mêmes sujets que ceux que vous traitez chez vous. Imaginez enfin que vous ayez besoin de soins et que vous consultiez un médecin et que vous constatiez qu'il utilise les mêmes méthodes de diagnostic et qu'il vous soigne avec la même chimie que vous utilisez habituellement. En réalité, ce que vous appelez mondialisation est une uniformisation planétaire des cultures. Nous le savons, les cultures disparaissent si elles ne se heurtent à l'étrange et c'est le plus grand risque de votre époque. Ne sentez-vous pas comme une mondialisation des mœurs, de l'art où ce qui faisait l'étrangeté d'une culture disparait au profit de produits vendus sur un marché planétaire ?

Nous l'avons évoqué, les cultures se différencient au sein de frontières qui définissent ce qui est dedans et ce qui est dehors. Les frontières sont les lieux où les cultures se rencontrent et s'enrichissent en gardant toute leur singularité. Ce ne sont pas les cultures qui s'affrontent mais la volonté d'universalité des thuriféraires porteurs d'idéologies qui n'ont plus rien de culturel. Que reste-t-il dans votre monde qui vous questionnera sur vous-mêmes? Existe-t-il encore une possibilité de confrontation pour appendre à vivre ? Peut-être faudra-t-il s'enfoncer loin dans la forêt amazonienne pour rencontrer des "êtres qui vivent pas comme nous" mais pressons-nous, même ceux-là finiront par "chasser" dans une grande surface pour y trouver les produits que le Texan consomme. Il ne s'agit pas de regretter un temps "où c'était mieux avant" mais de prévenir ce qui menace les civilisations: la disparition des cultures.

Voyez mes amis, l'anthropologie est un outil irremplaçable pour mieux comprendre ce qui est arrivé, ce qui arrive et ce qui peut arriver.

Bien à vous toutes et tous.
Ruth

Dolorès Ibarruri (1895 – 1989)

Chers enfants, je suis admirative de toutes ces femmes qui m'ont précédé et ont donné à l'humanité des histoires qui font l'Histoire.

Fille de mineurs, j'ai dû renoncer à entrer à l'École Normal d'Institutrices, ma famille n'avait pas les moyens de subvenir à mes besoins. J'ai donc fait une école de couture, enfouissant mes rêves dans un mariage convenu avec un mineur, me condamnant à une triste vie de service. J'ai toutefois acquis une place sociale en travaillant à la mine. Quand le minerai vint à se faire plus rare, les femmes furent priées de retourner à leur fourneau parce que c'était finalement leur place. Quand une femme travaille, elle a une existence sociale et politique et peut s'exprimer au nom de son statut de travailleuse. Au foyer, elle n'a plus d'identité, elle est réduite à une sorte d'outil à procréer, élever et s'occuper du géniteur. Quand elle pense en avoir fini avec les enfants, ce sont les petits-enfants qui réclament à nouveau son attention et son temps. J'avais en mémoire ce dicton : "Mère, qu'est-ce que c'est que se marier ? Ma fille, c'est filer, accoucher et pleurer." Comment supporter l'idée d'un avenir déterminé par ma condition : pauvre et femme ?

Ma misère mit très vite fin à mes convictions religieuses et autres superstitions ô combien répandues dans cette Espagne de ce début de siècle. Si Dieu était impuissant à m'extraire de ma condition, il fallut donc que ce soit une affaire de femmes ; leur exploitation était bien terrestre. J'ai rencontré le socialisme (bien différent de celui de votre époque) et j'y ai vu une première possibilité de changer les choses qu'on disait immuables. Je savais dès lors que ce sont les Hommes qui changent le monde et seulement eux, que ce sont les Hommes qui sont à l'origine du malheur ; pourquoi ne seraient-ils pas à l'origine du bonheur ?

Très vite, je me suis engagée dans les luttes ouvrières à travers l'Espagne. Je fus vite reconnue comme oratrice même si je ressentais une grande peur avant chacune de mes prises de parole. J'étais cependant une femme, militante communiste, reconnue comme telle. Je voyais ma vie s'ouvrir pour moi et pour les femmes de ma condition. Le pouvoir en place nous faisait la guerre, au sens propre mais cette adversité me donnait toute l'énergie de poursuivre la lutte. Chacun de mes séjours en prison raffermissait davantage la justesse du combat.

J'entendis parler de Franco quand ce général fut chargé de briser la grève générale par la force. La menace avait désormais un nom. L'Organisation des Femmes contre la Guerre et le Fascisme prit une grande part dans la résistance à la répression et l'organisation de mouvements révolutionnaires dans toute l'Espagne. Pourtant, notre tentative d'insurrection échoua. Il fallut donc que nous réunissions l'ensemble des forces démocratiques pour contrer toute tentative de coup d'Etat et avons créé le Front Populaire qui emporta la majorité au Parlement. Après l'Allemagne, c'est en

Espagne que se déroulait maintenant le combat contre le fascisme.

Mon champ de bataille était désormais les Cortès mais pour combien de temps ? Je voyais les forces fascistes poindre avec le projet déclaré d'anéantir la république du peuple. Franco s'autoproclama Chef d'Etat et Caudillo "par la grâce de Dieu". Dieu choisit souvent le mauvais camp. Il nous fallut faire la guerre pour défendre avec du sang ce qui avait été conquis par le sang.

"S'il y a en Espagne un arbre teint de sang
C'est l'arbre de la liberté.
S'il y a en Espagne une bouche bavarde
Elle parle de liberté."
Ces mots de Paul Eluard rendirent compte de cette liberté que nous voulions défendre au prix de nos vies.

Les villes tombent, les provinces tombent, la catastrophe est proche. Je n'avais plus que ma voix pour combattre : "No pasaràn !"

Non, ils ne passeront pas ceux qui veulent soumettre les peuples au dictat du capital. Ils ne passeront pas ceux qui ont le projet de faire régner l'ordre de l'argent. Ils ne passeront pas ceux qui veulent rétablir l'inégalité et l'injustice.

Ils sont passés avec l'aide des pays fascistes et la complicité active des démocraties. Les bottes et les soutanes sont entrés à Madrid et ont piétiné les corps enfin libres de nos chers combattants.

J'ai fini ma vie en Espagne, quand j'ai pu revenir. J'ai vu les cicatrices de ce pays maintenant démocratique. Le sang ne coule plus mais les larmes sont toujours proches des paupières. Nous avions fait la dernière grande révolution et sa défaite annonça la victoire du capitalisme. Que faudra-t-il pour abattre ce système injuste ? Je vois maintenant qu'il faudra attendre qu'il s'effondre empêtré dans ses contradictions. Le capitalisme s'accommode des situations, quand les pouvoirs des peuples sont puissants, il s'arrange pour leur ôter leur puissance ; quand ils sont faibles, le capitalisme prend le pouvoir, soit masqué par des organisations internationales soit par les armes. J'ai toujours une pensée pour les Chiliens et les Argentins qui subirent cette stratégie du capital. Faut-il renoncer à la révolution violente ? Comment aurions-nous pu résister à une agression armée ? Toutefois, je pense avec l'âge que vous qui nous suivez, devrez trouver des moyens révolutionnaires plus subversifs. Le capitalisme est en effet un monstre au pied d'airain. Considérez une chose : c'est nous qui l'alimentons par nos démissions successives et quotidiennes devant l'injustice, par notre complicité de consommateurs, par nos silences par nos soumissions volontaires, en trois mots : par nos peurs. Nous pouvons dire non aux arrangements des puissants avec le capital, nous pouvons nous insurger contre les lois qui profitent aux profiteurs. Nous pouvons lutter dans la rue, sans armes, pour dénoncer les factions et les clans qui défendent l'intérêt privé. Savons-nous encore nous rebeller ? Savons-nous encore exprimer une colère sans haine ? Avons-nous les ressources idéologiques pour penser que nous ne pouvons nous satisfaire du monde tel qu'il est.

Si je me suis émancipée de ma condition de femme et d'ouvrière qui m'aurait condamnée à ne jamais pouvoir vous écrire cette lettre, c'est que le monde ne me convenait pas et que je n'ai attendu que personne ne combatte à ma place. C'est peut-être le syndrome de votre monde qui ne s'est pas débarrassé de l'idée du sauveur, celui qui viendra des Cieux ou des élections.

Ils sont passés ! Et vous, les laisserez-vous passer ?

Je vous embrasse affectueusement.
Dolorès

Lucia Sanchez Saornil (1895 – 1970)

Mes sœurs, chères à mon cœur.

Le 20 mai 1936;je fondais à Madrid la revue *Mujeres Libres*. Voici les objectifs que j'avais donnés à cette revue :

"*1 - De permettre à la femme de s'émanciper du triple esclavage auquel elle a été et continue généralement d'être soumise : l'esclavage de l'ignorance, celui de la femme et celui de la travailleuse.*

2 - De faire de notre organisation une force féminine consciente et responsable, agissant comme avant-garde de la révolution.

3 - D'arriver à ce que les camarades, hommes et femmes, soient véritablement d'accord ; qu'ils parviennent à vivre ensemble et à collaborer sans s'exclure ; qu'ils rassemblent leur énergie dans le travail commun."

Imaginez mes sœurs que je fus votre contemporaine, moi, Lucia, femme, lesbienne et anarchiste fondant un journal appelant à la libération des femmes ; je pense que tous les "hétérocrates" seraient dans la rue comme je les ai vus dans vos rues à propos du "mariage pour tous". Voyez mes sœurs, nous n'en somme pas sortis.

Pourquoi ce sont les femmes qui contribueront à la libération des peuples ? Parce qu'elles savent s'émanciper elles-mêmes, elles ont l'expérience des millénaires de lutte qu'il faut toujours reprendre car seuls les droits des femmes sont réversibles. Chaque conquête mérite deux combats, celui pour l'obtenir et celui pour la garder.

Je vous le dis mes sœurs, nous sommes des individus avant que d'être des femmes et nous sommes femmes avant qu'être des mères. En tant qu'individus, nous contribuons à la vie sociale, politique et économique sans moins de droit que d'autres individus. Nous ne sommes pas condamnés par une quelconque théorie de la nature à "naître, procréer et mourir". J'ai dit à mes camarades révolutionnaires masculins que la première révolution est à faire dans les foyers. Changer le monde sans changer son monde est une pure hypocrisie. Et ce changement est de taille ; pour la pensée commune : soit nous sommes des mères vertueuses soit nous sommes des prostituées. Nous sommes avant tout des individus, libres dans la pensée, autonomes dans l'action.

Quant au mariage, puisque ce fut un sujet de débat récent dans votre monde, qu'est-il sinon que la présence de l'Etat ou de l'Eglise dans le lit des amants ?

J'ai créé un groupe de femmes : "Femmes libres". Nous étions plus de trente mille femmes réparties dans toute l'Espagne pour œuvrer à la libération de la Femme. Nous avons mis en place, partout où cela fut possible pendant la guerre, des cours de lecture, d'écriture, d'algèbre mais aussi de culture générale. Ce qui fait l'aliénation des femmes et plus généralement des peuples, c'est l'ignorance. On ne peut changer que ce que l'on peut nommer et comprendre. Nous avions également le souci que les femmes conquièrent leur autonomie économique, afin qu'elles ne dépendent pas des hommes pour survivre et vivre. A cet effet, nous avons élaboré des formations pour qu'elles puissent entrer dans la vie professionnelle avec un métier. Et nous avons réclamé le droit de nous battre au front bien que les communistes s'y soient opposés : "*Les organismes officiels, habitués à un déroulement mécanique ne peuvent pas tenir compte des profondes transformations psychologiques qui s'opèrent au sein des individus. S'en tenant au vieux concept de la galanterie protectionniste, s'arrêtant à la traditionnelle faiblesse féminine, ils prétendent éloigner la femme des zones dangereuses alors qu'elle a, elle-même, conquis l'honneur d'être en première ligne. Et la femme madrilène, qui a même su prendre sa place dans les tranchées, mérite moins que toute autre cette humiliation."*

L'Espagne comme le foyer était le lieu de l'oppression des femmes ; nous n'avons voulu choisir ni l'un ni l'autre. Et nous sommes sortis dans la rue pour clamer notre envie d'un monde d'individus consentant à vivre ensemble par leur seule volonté.

Mujeres libres, ces deux mots ont résonné aux oreilles des hommes, aux oreilles des prélats et des militaires fascistes, aux oreilles du monde qui nous envoya des bombes et des balles pour nous faire taire. Nos cris furent étouffés dans le sang de nos gorges mais il reste notre volonté que rien n'a pu affaiblir.

Aujourd'hui, femmes, mes sœurs, vous avez conquis le droit sur votre corps et sur votre ventre mais entendez, au-delà de vos frontières, les mêmes cris que j'ai entendus, sous les pierres jetées par la croyance ou la conformité. Dans vos lits occidentaux règne encore le devoir conjugal, le devoir de procréation ultime possibilité pour une femme de se réaliser dit-on ? Mais qui le dit ? L'Eglise ? Elle n'est composée que d'hommes ? L'Etat ? Il n'est inspiré que par des hommes. Vous, mes sœurs ? Mais qui parle alors ?

La révolution des peuples commencent en chacun soi, ce sont d'abord des révolutions intérieures, sinon elles échouent et ne font alors que redistribuer le pouvoir et la propriété mais c'est encore le pouvoir, mais c'est encore la propriété. Il faut chasser les héritages de nos comportements et de nos pensées avant que d'aller dans la rue clamer notre liberté. Nous ne serons libres que quand chacun d'entre nous se sera libéré des pensées qu'il n'a pas élaboré par lui-même. L'aliénation des hommes commence par l'aliénation de leur pensée. Votre nouveau siècle en est un bel exemple.

Mes sœurs, la lutte des classes est de retour, ceux qui l'ont déclenchée ne s'en cachent pas. C'est une guerre qui vous est faite, il vous faudra à nouveau combattre. Assemblez-vous à nouveau, cultivez vos savoirs et enseignez aux autres, clamez haut et fort votre résistance à ce système qui vous broie, vous, vos maris, amants, compagnons et vos enfants. Les ennemis du peuple sont à visage découvert, ils ont des noms malgré leur tentative de se réfugier derrière des acronymes. C'est nous le peuple, c'est nous les individus qui faisons notre destin, c'est nous qui savons ce que nous voulons pour nous-mêmes. Vous devez renouer avec ce qui fait la civilisation et que tente de défaire la barbarie : la solidarité. Nous ne sommes puissants que solidaires. Il n'est pas un individu exclu qui doit le rester, il n'est pas un individu étrange qui doive rester étranger, il n'est pas un exploité qui doive se résigner, il n'est pas un malade qui doive ne pas être soigné avec l'aide de tous, avec la contribution de tous. Vous avez su vous pencher sur le berceau de vos enfants, penchez-vous, mes sœurs, sur le lit de douleur de l'humanité souffrante : *si vales, bene est, ego valeo.*

J'ai encore en moi les fureurs des combats des femmes, j'ai encore en moi les blessures que m'ont infligées les oppresseurs. Je ne vous les lègue pas, elles sont ainsi ôtées du monde. Le temps est venu de l'insurrection des consciences, le temps est venu de reprendre à l'élite autoproclamée les outils de votre destin. Ne vous inquiétez pas, aucune idéologie qui vous dirait ce qu'il faut faire n'est utile, suivez votre intuition et laissez-vous guider par l'envie de liberté et de fraternité. La vertu de la finalité rend les Hommes vertueux.

Je vous souhaite des belles années, mes sœurs.
Vous portez en vos seins l'avenir du monde.

Recevez toute ma tendresse.
Lucia.

Les mots des femmes sont souvent, trop souvent silencieux. Cachés au fond de leur ventre, elles les donne à l'humanité quand celle-ci est en danger. Habituées à supporter l'oppression, les femmes ne nous donnent leurs mots qu'avec parcimonie. Elles savent ce que le mot veut dire, il est né de leur chair, il trouve sa forme dans leurs entrailles, il acquière une parfaite précision dans leur cœur.

Il y a dans ces lettres la puissance de l'humanité, une envie d'un meilleur qui ne soit pas d'ailleurs. Dans l'espace entre patience et impatience, ces femmes ont donné vie au monde. Elles ont fécondé les possibles, elles ont donné leur corps à la terre et leurs pensées au ciel pour que l'une et l'autre se rejoignent, accouplement de la glaise et de l'éther, afin que l'humanité n'en reste pas là.

Les vies de ces femmes ne furent pas vaines, en avons-nous seulement hérité ? Elles ne nous ont pas écrit pour notre présent mais pour nous, au présent. Il fallait bien qu'elles nous secouent dans notre sommeil consumériste pour que nos yeux se détournent un instant de la platitude de l'écran, pour que nos oreilles laissent le bruit à la vulgarité, pour que nos cœurs retrouvent le battement du vivant, pour que notre esprit se libère de l'opinion, de le pensée d'autrui. En conquérant leur autonomie, elles nous demandent, à leur suite, de conquérir la nôtre. Elles nous enjoignent à penser par nous-mêmes et mettre fin à notre incarcération mentale. Nous avons confié notre pensée aux fabricants d'idées toutes faites, nous n'émettons plus que des opinions. Comment, dès lors, vouloir conduire notre destin comme ces femmes ont su le faire ?

En lisant ces femmes, en découvrant leur vie, leurs écrits, j'ai senti comme un dérangement dans le cœur, comme s'il n'était plus à l'heure. Elles m'ont conduit à l'écart, et j'ai vu autrement, avec leurs yeux, je n'ai pas lâché leur main comme un gamin qui ne connaît pas le chemin. J'ai senti, en frôlant leur esprit, comme une peine hors d'âge et une volonté d'en soulager l'humanité. Elles portent l'odeur du courage, un étrange mélange de sueur et de larmes, fluides de leur détermination à vivre en conformité avec leur conviction. J'ai appris le bonheur et la douleur d'être dans les méandres de leur vie qu'elles n'ont jamais voulu droite. Dans les courbes de leurs émois, il y a ce qui nous manque : l'amour. Aimer l'autre sans perdre la raison, aimer l'autre parce qu'il est semblable et désarmer l'offense. Je vous aurais voulu comme mères, comme sœurs, comme amantes, comme tutrices ; j'en serais maintenant différent.

Je ne veux pas que l'oubli vous fasse mourir deux fois. Je dis, avec votre aide, à mes contemporains que le bonheur est permis, que les chemins qui furent tracés sont toujours là, que les tendresses déversées en sont les pavés, que tout votre amour ne peut pas ne pas nous profiter à nous les hommes oublieux du cœur.

Je ne sais pas faire de déclaration d'amour mais je demande toute votre indulgence je veux vous dire combien j'ai puisé dans vos tendresses ce qui fait mon humanité. J'ai appris la simplicité des mots et c'est avec gratitude que je vous déclare tout mon amour. Je vous aime.

BIBLIOGRAPHIE

Henriette Chardak, *L'énigme Pythagore*, Presses de la Renaissance, 2007.

Alexandra David-Néel, *voyage d'une parisienne à Lhassa*, Librairie Plon, 1927.

Maria Dzielska, *Hypatie d'Alexandrie*, Des femmes-Antoinette Fouque, 2012.

Max Gallo, *Rosa Luxembourg, Une femme rebelle*, Texto, 1992

Emma Goldman, *L'épopée d'une anarchiste*, Editions Complexe, 2002.

Guillaume Goutte, *Lucia Sanchez Saornil*, Les Editions du Monde Libertaire, 2011.

Dolores Ibarruri, *Mémoires de la pasionaria*, René Juilliard, 1964.

Danielle Jouanna, *Aspasie de Milet*, Fayard, 2005.

Alexandra Kolontaï, *Conférences sur la libération des femmes*, Editions de la Brèche, 1978.

Madeleine Laude, *Une femme affranchie, Gabrielle Petit l'indomptable*, Les Editions du Monde Libertaire, 2010.

Gerhard Leo, *Flora Tristan, la révolte d'une paria*, Les Editions de l'Atelier/Editions Ouvrères. Le Temps des Cerises, 1994.

Rosa Luxembourg, *Œuvres 1*, François Maspero, 1976.

Rosa Luxembourg, *A l'école du socialisme, oeuvres complètes - Tome II*, Agone & Smolny, 2012.

Gilles Ménage, *Histoire des femmes philosophes*, Arléa, 2006.

Louise Michel, *Matricule 2182*, Editions du Dauphin, 2008.

Louise Michel, *La Commune, Histoire et souvenirs*, La Découverte-Poche, 1999.

Maria Montessori, *Les étapes de l'éducation*, Desclée de Brouwer, 2007.

Edith Mora, *Sapho*, Flammarion, 1966.

Michel Paraire, *Femmes philosophes, femmes dissidentes*, Les Editions de l'Epervier,2012.

Régine Pernoud, *Hildegarde de Bingen*, Editions du Rocher, 1995.

Régine Pernoud, *Aliénor d'Aquitaine*, Albin Michel, , 1965.

Plutarque, *De l'excellence des*, Arléa, 2012.

Caroline Rémy Séverine, *En marche*, H. Simonis Empis, 1896.

Elsa Solal, *Olympe de Gouges*, Lansman, 2007

Germaine de Staël, *Réflexions sur le suicide*.

Edith Stein, *La puissance de la Croix*, Nouvelle cité, 1982.

Sainte Thérèse, *Histoire d'une âme*, Editions du Cerf et Desclée de Brouwer, 1995.

Jean-Pierre Vernant, *Pandora, la première femme,* Essais, Folio, 1993.Bayard, 2006.

Mary Wollstonecraft, *Défense des droits de la femme*, Petite Bibliothèque Payot, 1976.

TABLE

FSC
www.fsc.org

MIXTE

Papier issu
de sources
responsables
Paper from
responsible sources

FSC® C105338